Inhalt

Autor: Dr. Martin Brück

Vorwort

Liebe Schülerin, lieber Schüler,

diese Interpretationshilfe stellt Ihnen eine Novelle vor, die zu den zentralen Texten der literarischen Romantik gehört. Die Vielschichtigkeit des *Marmorbildes* lässt eine eindeutige, griffige Interpretation allerdings nicht zu. Sie fordert den Leser vielmehr zu einer Beschäftigung mit ihr heraus, die so abenteuerlich verlaufen kann wie das dargestellte Geschehen selbst.

Zunächst werden in aller Kürze **grundlegende Informationen** (Biografie und Entstehungsgeschichte) vermittelt. Eine **strukturierte Inhaltsangabe** fasst dann die wesentlichen Handlungslinien der Erzählung zusammen. Den Schwerpunkt dieses Buches bilden das Kapitel **Textanalyse und Interpretation.** Hier erfolgt eine ausführliche **Charakterisierung der Personen und ihrer Beziehungen zueinander.** Die **thematischen Schwerpunkte** eröffnen Perspektiven für eine Interpretation und führen in die literarische Epoche Romantik ein. Auf dem Hintergrund der inhaltlichen Aspekte werden die für schriftliche Interpretationsaufsätze notwendigen **formalen Eigenschaften des Werks** (Aufbau, Form, Erzählweise, Sprache) untersucht. Wie eine solche Deutung für den Schulgebrauch aussehen kann, zeigt die exemplarische Bearbeitung einer **Schlüsselstelle.** Im abschließenden Kapitel **Grundriss der Wirkungsgeschichte** kommen schließlich kritische Stimmen zu Eichendorffs Werk aus dem 19. und 20. Jahrhundert zu Wort.

Martin Brück

Einführung

Es gibt nur wenige Autoren, die mit ihrem Namen für eine ganze Epoche einstehen. Die Klassiker Goethe und Schiller gehören ebenso dazu wie Joseph von Eichendorff, **der Romantiker** schlechthin. Klassik und Romantik sind literarische Epochenbezeichnungen, doch finden sie in unserem Alltag als Wertmaßstäbe und Etikette für alles Mögliche Verwendung. Die Welt der Mode kennt ‚klassische' Outfits; ‚Klassiker' unter den Automarken sind jedem geläufig. Als weit unüberschaubarer noch erweist sich die Verwendung des Gütesiegels ‚romantisch': Es erstreckt sich u. a. auf Schlagertexte, Duftnoten gewisser Parfums, bestimmte Reiserouten und Sehenswürdigkeiten, auf Menschentypen und Liebesgeschichten. Allen diesen Klassifizierungen ist gemeinsam, dass sie eine positive Grundstimmung anzeigen: Optimismus, eine gesteigerte Erlebnisfähigkeit bis hin zum Enthusiasmus ist im Spiel; das Leichte, Unbeschwerte triumphiert über Lebensprobleme und depressive Zustände, die jeder kennt und nach Kräften zu vermeiden sucht. ‚Romantik' in diesem landläufigen Sinne ist – will man es auf eine Formel bringen – ein **Glücksversprechen**.

Begriffen, die so inflationär eingesetzt werden, ergeht es wie dem Geld: Sie verlieren rapide an Wert. Im Literaturunterricht bietet sich die Chance, den Begriffen ‚Romantik' und ‚romantisch' durch eine Beschäftigung mit der Epoche auf die Spur zu kommen und über modische Trends hinaus nach ihrer tatsächlichen Aktualität zu fragen. Wie schon angedeutet, erscheint kein anderer Autor hierfür so geeignet wie Eichendorff; und gleichzeitig ist bei keinem zweiten Dichter der Epoche so viel Vorsicht geboten wie gerade bei ihm. Denn alle geläufigen **Klischees** über romantische Literatur als heitere, unbeschwerte Veranstaltung mit garantiertem Happyend verbinden sich mit seinem Namen. Sie beruhen indes auf ungenauer Lektüre, die Widersprüche glättet und Spannungen einebnet. Interpretationshilfen wie die vorliegende möchten dagegen zu **genauem Lesen** anleiten.

Eichendorffs *Marmorbild* erschien im Jahre 1826 zusammen mit Gedichten des Autors und seiner Novelle *Aus dem Leben eines Taugenichts* in einem Band. Wie seine populäre Lyrik hat man die Erlebnisse des Taugenichts zum Inbegriff romantischer Lebensfreude verklärt und damit den oben erwähnten Klischeevorstellungen entsprechend gelesen; eine engagierte Deutung kann auch hier den dunklen Grund freilegen, auf den die frischen Farben romantischer Natur- und Liebeserfahrung aufgetragen sind[1]. Die Novelle *Das Marmorbild* bringt neben den hellen die **dunklen Seiten romantischen Dichtens** – z. B. scheiternde Liebe, Vereinsamung, Wahnsinn – deutlicher in den Blick. Hinzu kommen noch weitere Gründe, die eine Beschäftigung mit ihr nahelegen:

- *Das Marmorbild* ist zunächst einmal eine spannende Geschichte mit einem immer wieder überraschenden Handlungsverlauf. Wichtiger als dieser erscheint jedoch das **innere Geschehen**, die Entwicklung der jugendlichen Hauptfigur Florio, der nach einigen Schwierigkeiten zu seiner großen Liebe und damit zu sich selbst findet. Die Novelle handelt vom Prozess der Identitätsfindung ihres Helden. Hier liegt ein sowohl psychologisch als auch tiefenpsychologisch interessanter Text vor, der auf die Psychoanalyse Sigmund Freuds vorausweist. Er vermittelt nicht allein Kenntnisse, sondern verlangt nach einer kritischen Auseinandersetzung mit den in ihm enthaltenen Problemen und der von Eichendorff angebotenen Lösung.

- Aus der tiefenpsychologischen Dimension der Novelle ergibt sich ein besonderer Reiz der Lektüre: Sie enthält reale und irreale Vorgänge, realistische und fantastische Erlebnisse, die bruchlos ineinander übergehen; zwischen Traumhaftem und Wirklichem, Einbildung und tatsächlicher Wahrnehmung wird keine klare Grenze gezogen. Eine solche Infragestellung gewohnter Orientierungen ist weniger märchenhaft als modern, denn sie weist auf literarische Werke des 20. Jahrhunderts (z. B. Kafka) voraus.
- Schließlich ermöglicht *Das Marmorbild* als gut überschaubarer Text nicht nur eine vorzügliche Einführung in die Gedankenwelt und Sprachkunst Eichendorffs, sondern in die Epoche allgemein. ‚Natur', ‚Liebe', ‚Religion' und ‚Kunst' sind immer wiederkehrende Themen romantischer Literatur und damit **epochentypische Motive**, die man nicht zuletzt aus Eichendorffs Lyrik kennt und die seine Novelle in zusammenhängender Form erzählerisch entfaltet. Ein weiterer Vorzug des Textes besteht darin, dass die genannten Motive dialektisch ausgearbeitet sind; sie zeigen die Einheit des Widersprüchlichen und damit das hell-dunkle Doppelgesicht der Romantik in exemplarischer Weise. So kann die Liebe den Weg zum Glück weisen wie auch in ein Labyrinth führen, in dem sich der Held verliert. Im Zentrum dieses Labyrinths befindet sich das geheimnisvolle Marmorbild.

Biografie und Entstehungsgeschichte

1 Biografische Hintergründe

„Lass es deiner Begeisterung keinen Eintrag tun, dass er – Geheimer Regierungsrat ist…" – das empfahl im Jahre 1851 der spätere Reichskanzler Bismarck seiner Gattin, einer begeisterten Leserin der Werke Joseph von Eichendorffs. Er benennt damit den zentralen Widerspruch im Leben dieses Schriftstellers, bestehend im Nebeneinander zweier Rollen: als preußischer Staatsbeamter, und als Dichter, der mit seiner Lyrik wie kein zweiter den gängigen Vorstellungen von ‚Romantik' entspricht und dessen Novelle *Aus dem Leben eines Taugenichts* einen typischen ‚Aussteiger' zum Helden hat. Eichendorff musste diese Spannung zwischen seiner bürgerlichen und ‚poetischen' Existenz aushalten; sie hat seiner literarischen Produktivität keinen Abbruch getan, sie eher noch befördert.

Sein romantisches Dichten hätte sich allerdings mit einem Leben als Junker auf den väterlichen Gütern besser vertragen. Daher hat er sich von 1808 bis 1810 – zwischen den Studienjahren in Heidelberg und Wien – in Lubowitz (Oberschlesien), dem Stammsitz der Familie, auf den Beruf des Landwirts vorbereitet. Doch der Vater, Adolf Theodor von Eichendorff (1756–

1818), befindet sich schon um 1800 – sowohl infolge seines luxuriösen Lebensstils als auch wegen der Auswirkungen der Napoleonischen Kriege – in erheblichen finanziellen Schwierigkeiten, sodass weder für Joseph noch für seinen Bruder Wilhelm (1786–1849) auf den Gütern ein Unterkommen ist.

Zeit seines Lebens bleibt für Eichendorff Schloss Lubowitz, wo er eine glückliche und behütete Kindheit verbringt, das verlorene Paradies; es kommt in vielen seiner Werke, so auch im *Marmorbild*, zum Ausdruck, wenn dort die Gedanken der Hauptfigur Florio in die frühe Kindheit schweifen und die Erinnerung an diese unbeschwerte Zeit einen tröstlichen Halt vermittelt. Eichendorff wird im Jahre 1788 in Lubowitz geboren; er erhält Unterricht bei einem Privatlehrer, besucht von 1801 bis 1805 ein Internat in Breslau und studiert anschließend Jura – zunächst in Halle, dann in Heidelberg und Wien, wo er 1812 sein Examen ablegt. Zu dieser Zeit gerät der Dichter in den Sog der anti-napoleonischen Bewegung und nimmt als Freiwilliger von 1813 bis 1816 an den Befreiungskriegen teil. 1816 beginnt er – nach der Heirat mit Louise von Larisch 1815 – eine wechselhafte Karriere im preußischen Staatsdienst, die ihn zwischen 1816 und 1844 nach Breslau, Danzig, Königsberg und Berlin führt.

Immer wiederkehrende Konflikte mit der protestantischen Staatsführung Preußens sind einerseits auf Eichendorffs Katholizismus zurückzuführen; andererseits darauf, dass er den demokratischen Idealen der Befreiungskriege und den Vorstellungen der preußischen Reformer (Stein, Hardenberg u. a.) zu einer Zeit die Treue hält, als in Preußen absolutistisch-polizeistaatliche Verhältnisse fest etabliert sind. Eichendorffs Abneigung gegenüber dem veralteten politischen System verbindet sich – höchst widersprüchlich – mit einer tiefen Skepsis gegenüber Entwicklungstendenzen der modernen Gesellschaft: Industrialisierung und Wirtschaftsliberalismus. Aus seinen beruflichen Problemen und dem zwiespältigen Verhältnis des Dichters zur Gegenwart erklärt sich Eichendorffs ‚Flucht in die Vergangenheit', die vor allem in einer idealisierten Sichtweise des Mittelalters Gestalt gewinnt – so auch im *Marmorbild.* Es ist sicher kein Zufall, wenn dessen Held Florio heißt, während Eichendorff seine ersten Gedichte unter dem Pseudonym ‚Florens' (der Blühende) veröffentlichte.

Schloss Lubowitz (Aquarell von Karl Straub, 1790)

Nach seiner Entlassung aus dem Staatsdienst erlebt Eichendorff in den Jahren von 1844 bis 1857 noch einige – diesmal familiär bedingte – Wohnortwechsel (u. a. Wien, Danzig, Dresden, Berlin), bevor er am 26. 11. 1857 in Neiße (poln. Nysa) stirbt. Sein Gesamtwerk umfasst Lyrik, Prosa (Romane, Erzählungen) und Dramen. Populär – nicht zuletzt durch ihre Zugehörigkeit zum schulischen Lektürekanon – wurden seine Natur- und Liebeslyrik sowie die beiden Novellen *Aus dem Leben eines Taugenichts* und, allerdings wesentlich später, *Das Marmorbild.*

2 Entstehungsgeschichte

Eichendorff hat seine Novelle *Das Marmorbild* in den Jahren 1816/1817 verfasst, also ganz zu Beginn seiner Tätigkeit als Beamter in preußischen Diensten. Am 15. 06. 1816 kündigt er dem Freund Friedrich de la Motte Fouqué in einem Brief sein Vorhaben an:

> *Ich habe mich nämlich nunmehr für einige Zeit in Breslau angesiedelt, wo ich bei der Regierung als Referendar einzutreten gedenke. Ich habe durch langes, nur zu oft scheinbar zweckloses Umtreiben im Leben einen weiten Umkreis von Aussichten gewonnen, aus deren Gemisch von Zauber, lächerlicher Dummheit, Freude und Schmerz ich mich manchmal kaum herauswinden kann, und eine unwiderstehliche Lust dabei, gerade nur das alles, was ich gesehen, gehört und durchlebt, einmal recht keck und deutlich zu frommer Ergötzung wieder darzustellen.*[2]

Das dichterische Schaffen scheint für ihn einen unverzichtbaren Ausgleich zu seinen eher eintönigen beruflichen Pflichten zu ermöglichen:

> *Da mir nunmehr die Gegenwart in tausend verdrießlichen und eigentlich für alle Welt unersprießlichen Geschäften in eine fast lächerliche Nähe gerückt ist [...] so habe ich in vorliegendem Märchen [gemeint ist „Das Marmorbild", d. Verf.] versucht, mich in die Vergangenheit und in einen fremden Himmelsstrich zu flüchten, und betrachte dasselbe als einen Spaziergang in amtsfreien Stunden ins Freie hinaus.*

Die „unwiderstehliche Lust" zu schreiben, von der oben die Rede ist, hat seine Arbeit wohl beflügelt, denn bereits am 15. 03. 1817 meldet er die Vollendung der Novelle an Fouqué. Dieser sorgt als Herausgeber des ‚Frauentaschenbuches' – einer literarischen Zeitschriftenreihe – für die Drucklegung im Jahre 1819. Sieben Jahre später, 1826, erscheint *Das Marmorbild* zusammen mit der Novelle *Aus dem Leben eines Taugenichts* und einer Auswahl von Gedichten in Berlin, 1842 dann im vierten Band der ersten Gesamtausgabe der Werke Eichendorffs.

In einem Brief vom 02.12.1817 – wiederum an Fouqué – nennt der Dichter als wichtigste Quelle für sein *Marmorbild* „eine Anekdote aus einem alten Dichter, ich glaube es waren *Happellii Curiositates,* die für die Novelle die entfernteste Veranlassung, aber weiter auch nichts gegeben" habe. Gemeint ist eine Gespenstergeschichte aus dem Sammelwerk ‚Größeste Denkwürdigkeiten der Welt...' des heute vergessenen Barockdichters E. G. Happel von 1687. In fünf Kapiteln erzählt dieser Autor von den Erlebnissen eines Italienreisenden bei seinem Aufenthalt in Lucca, wo er in den Bann einer ‚teuflischen Jungfrau' gerät, aber schließlich mit dem Schrecken davonkommt.[3] Teile des Handlungsrahmens, einzelne Szenen und Figuren (der Ritter Donati) sind hier bereits vorhanden und dienten Eichendorff als Anregung für sein ganz eigenständiges Werk.

Das Motiv der Statuenbelebung, das ebenfalls bei Happel vorgebildet ist, hat indes eine lange Tradition. Sie beginnt mit den *Metamorphosen* des römischen Dichters Ovid (43 v. Chr.–17/18 n. Chr.), einer Sammlung von Geschichten, in denen es stets um Verwandlungen – von Mensch zu Tier, Pflanze zu Mensch usw. – geht. Ovid beschreibt hier, wie der Bildhauer Pygmalion mit Hilfe der Liebesgöttin Aphrodite eine besonders schöne Statue, in die er sich heftig verliebt hat, zum Leben erweckt. Dieser Stoff hat – bis hin zu George Bernhard Shaws berühmten Drama *Pygmalion* – die Jahrhunderte überdauert und unterschiedliche Gestaltungen erfahren. Im Mittelalter wird – unter christlichen Vorzeichen – die verführerische Wirkung der schönen Statue auf junge Männer dämonisiert und als gefährliche, wenn nicht tödliche Verblendung dargestellt. In dieser Tradition entsteht auch die bekannte Sage von Tannhäuser, der im Venusberg gefangen gehalten wird, bis seine Bekehrung zum

Christentum ihm die Rettung bringt. Im Zentrum aller mittelalterlichen Versionen der Thematik steht also der Gegensatz zwischen christlicher Erlösungsreligion und heidnischer Antike.

Die am Wertesystem des Mittelalters (Religion, Gesellschaftsordnung) orientierte Epoche ‚Romantik' übernimmt dieses geschichtsphilosophische Motiv des Epochengegensatzes (vgl. *Interpretationshilfe*, S. 52 – 58) und fügt ein weiteres hinzu. Die von der Venus(statue) verführten Jünglinge sind nun meistens Künstler und als solche besonders anfällig für die Reize der schönen Statue (vgl. *Interpretationshilfe*, S. 59 – 61). Diese wird zur verlockenden Muse, deren Einfluss sich die jungen Künstler umso weniger entziehen können, als sie ihr Innenleben, ihre Gedanken und Gefühle, ganz beherrscht. Der Statuenzauber gewinnt eine psychologische Dimension (Bedeutungsebene), insofern das schöne ‚Bild' nur als Traum- bzw. Fantasiegebilde zu existieren scheint, in dem Wünsche, Bedürfnisse, Triebe des verliebten Betrachters verkörpert sind. Die Thematik des Statuenzaubers geht hier mit dem Narziss-Mythos eine Verbindung ein; dieser erzählt vom traurigen Schicksal eines Knaben, der sich in sein Bild, das ihm die Wasseroberfläche zurückspiegelt, verliebt und im feuchten Element den Tod findet. In Eichendorffs Marmorbild findet sich neben der geschichtsphilosophischen (s. o.) auch diese psychologische – und im engeren Sinne künstlerisch-narzisstische – Dimension der Statuenbelebung wieder (vgl. *Interpretationshilfe*, S. 29, 49 – 51)

Inhaltsangabe

Eichendorff hat seine Novelle nicht in Kapitel untergliedert, doch zeigt ihr Geschehensablauf eine klar erkennbare Struktur, die an anderer Stelle genauer erläutert wird (vgl. *Interpretationshilfe*, S. 63 – 67) und die der folgenden Zusammenfassung zugrunde liegt.

Ankunft in Lucca (S. 5 – 15)
An einem schönen Sommerabend erreicht der auf Bildungsreise befindliche junge Edelmann Florio die norditalienische Stadt Lucca und trifft vor ihren Toren auf den frommen Sänger Fortunato, der ihn mit geheimnisvollen Worten vor dem „wunderbaren Spielmann" warnt, „der durch seine Töne die Jugend in den Zauberberg hinein verlockt" (S. 6). Eine fröhliche Festgesellschaft vor den Stadttoren bringt Florio rasch auf andere Gedanken. Er verliebt sich auf den ersten Blick in eine anmutige Federballspielerin, Bianka, und ergreift eine günstige Gelegenheit, um sie spontan zu küssen. Wie alle anderen Herren, hat er sich so sein „Liebchen ... erkoren" (S. 9). Nur Fortunato bleibt in diesen Dingen auf Distanz und unterhält die Gesellschaft mit einem bedeutsamen Lied (vgl. zu den Liedern *Interpretationshilfe*, S. 69 f.), in dem Venus eine Rolle spielt. Dessen melancholischer zweiter Teil, der von einem Todesboten erzählt, kann als Ouvertüre zum Auftreten des mysteriösen Ritters Donati verstanden werden. Die fröhliche Stimmung der Festgäste verfliegt, auch das schöne Mädchen zeigt „heimliche(r) Furcht" (S. 13) und insbesondere Florio erschrickt über die Tatsache, dass Donati ihn genau zu kennen scheint. Zusammen mit Fortunato reiten die beiden dann in Richtung Lucca, wo Donati wegen seines scheuenden Pferdes umkehren muss, während Florio seine Herberge aufsucht.

Der Beginn der Novelle erfüllt die Merkmale einer Exposition, indem vier von fünf zentralen Figuren auftreten und ansatzweise charakterisiert werden, die fünfte dagegen im Liedtext Fortunatos anklingt; auch die Personenkonstellation wird bereits umrisshaft erkennbar. Der oberitalienische Schauplatz des Geschehens wird benannt und aus verschiedenen Andeutungen – z. B. Fortunatos Sängerberuf, dem Verhalten der Festgesellschaft – kann man auf das späte Mittelalter als Zeitraum der Handlung schließen.

Im Banne des Marmorbildes (S. 15–20)
Wohl unter dem Eindruck der vorausgegangenen Erlebnisse, vor allem der Begegnung mit Bianka, fällt Florio in einen Traum, der von einer einsamen Meerfahrt im Mondschein handelt; auftauchende Sirenen, die das Schiff sinken lassen, ähneln alle der Geliebten. Erschrocken aufgewacht, begibt er sich – über seinen auf der Schwelle schlafenden Diener hinweg – ins Freie und singt ein Lied, in dem seine bewegte Stimmung zum Ausdruck kommt, die allerdings ein „schöneres, größeres und herrlicheres" Frauenbild meint (S. 17), als es der tatsächlichen Bianka entspricht. Auf traumwandlerische Weise gelangt er an einen Teich mit einem marmornen „Venusbild", das aus den Fluten „aufgetaucht" zu sein und alsbald Leben zu gewinnen scheint. Zumindest glaubt dies Florio, dem die Statue wie eine „plötzlich erkannte Geliebte" vorkommt und der erst, als er die „vor Blendung" lange geschlossenen Augen öffnet, in „steinerne Augenhöhlen" blickt und entsetzt die Flucht ergreift (S. 17).

Wie ein Gespräch am folgenden Morgen zeigt, hat Fortunato vom Diener Florios von dessen Nachtspaziergang erfahren und verspottet nun „die Melancholie, den Mondschein und all den Plunder" (S. 19). Florio fühlt sich verletzt und bekundet schwärmerisch seinen verliebten Zustand. „Ein tiefes, unbestimmtes Verlangen war von den Erscheinungen der Nacht in seiner Seele zurückgeblieben" (S. 19), so der Erzählerkommentar. Der frische

Morgen vermag sein „träumerisch funkelndes Herz“ (S. 20) nicht zu beeinflussen. So versucht er, den Weiher mit dem Marmorbild erneut aufzusuchen; er findet diesen Ort aber nicht mehr.

Im Banne der schönen Frau (S. 20–26)
Stattdessen gelangt unser Held, wiederum wie zufällig, in einen von der Außenwelt abgegrenzten „weiten, prächtigen Lustgarten“, dessen Fauna und Flora exotisch, eigentümlich künstlich wirkt und der „von der Melancholie vergangenen Leben(s) gezeichnet ist“ (S. 21). In diese Atmosphäre, die intensiviert wird durch eine schwül lastende Mittagsstimmung, fügt sich die Herrin des Bezirks harmonisch ein: In der schönen Dame, deren „goldenes Haar“ über die „blendendweißen Achseln“ fällt (S. 21), erkennt Florio die Züge des Marmorbildes wieder. Nachdem sie ein Lied, das ihre Situation in bildhaft verschlüsselter Form darstellt, zur Laute gesungen hat, verschwindet sie und Florio trifft auf den totenähnlich schlafenden Donati, der die Schöne als seine Verwandte ausgibt. Er selbst glaubt die Dame „schon einmal in früher Jugend irgendwo gesehen zu haben“ (S. 23). In Enthusiasmus versetzt fühlt er sich durch die von Donati für die kommenden Tage in Aussicht gestellte Begegnung mit der Schönen. Auf dem abendlichen Nachhauseweg belauscht er ein Fenstergespräch und glaubt, die Stimme der schönen Sängerin zu erkennen.

Am folgenden Morgen erhält er zunächst Besuch von Donati, dann von Fortunato. Donatis Einladung zur Jagd lehnt er ab, während er den Sänger zur Kirche begleitet – in der Hoffnung, dort seine Angebetete zu treffen. Der Wunsch geht nicht in Erfüllung; zudem findet er am folgenden Tag den Garten nicht mehr.

Der Maskenball (S. 26–35)
Eine willkommene Abwechslung für Florio bietet eine Einladung nach dem Landsitze Pietros, des Onkels von Bianka, die Donati ihm überbringt. Das sich dort ergebende Verwirrspiel

spiegelt den labilen Zustand wider, in dem sich Florio seit der ersten Begegnung mit dem Marmorbild befindet. Zunächst gibt ihm ein „zierliches Mädchen“ in „griechischem Gewande“ – offenbar Bianka – eine Rose (S. 27); kurz darauf meint er, sie an anderer Stelle des Festsaales noch einmal zu sehen. Das „seltsame Doppelbild“ (S. 29) lässt sich nicht leicht auseinanderhalten, doch kann man anhand des Liedes und der Verweise auf „Mondschein“ und „blendendweißen Nacken“ (S. 29) schließen, dass an dieser Stelle die schöne Frau bzw. Venus gemeint ist. Die Person verwickelt Florio wenig später in ein Gespräch und gibt ihm den melancholisch getönten Rat, die „Blumen des Lebens“ fröhlich zu nehmen, aber nicht weiter nach ihren „Wurzeln im Grunde“ zu fragen (S. 31). Die Ahnung wird zur Gewissheit, als sie ihre Maske lüftet und sich als die Schöne aus dem „mittagsschwülen Garten“ zu erkennen gibt (S. 32).

Ein Lied Fortunatos weckt Florio aus seiner träumerischen Stimmung. Er lernt Bianka – sie wird hier zum ersten Mal namentlich genannt – kennen, die ihn daran erinnert, sie „öfter“ gesehen zu haben (S. 33). Florio aber verschließt sich dem Mädchen und flüchtet erneut in die „wunderlichsten Träume“ (S. 34), während die verzweifelte Bianka ihr typisches Attribut, den Blumen- bzw. Brautkranz, unter Tränen zerpflückt.

Im Schloss der Venus (S. 35–42)

Florio befindet sich in Donatis Landhaus vor der Stadt, als dieser den begeisterten jungen Mann zu einem Besuch im Schloss der schönen Frau einlädt. Es handelt sich dabei um einen Marmorbau, der wie ein „heidnischer Tempel“ aussieht (S. 36) und dessen Inneres erlesene Kostbarkeiten und exotische Gegenstände enthält. Er strahlt insgesamt eine Atmosphäre betörender Künstlichkeit aus, die an die mittägliche Szene im Park erinnert. Von Dienerinnen umgeben, ist die „Herrin des Schlosses“ in die narzisstische Betrachtung der eigenen Schönheit versunken

(S. 37), bis sich Florio schließlich „mit der Dame allein in einem der prächtigsten Gemächer des Schlosses“ wiederfindet (S. 38). Ihren verführerischen Bewegungen folgt er zunächst mit „flammenden Augen“; doch ein „altes, frommes Lied“ aus seiner Kindheit, das von außen hereindringt, bricht den erotischen Zauber. Florio gewinnt „Zeit und Freiheit“, die auf den Zimmerwänden abgebildeten Darstellungen zu betrachten (S. 38). Unter dem Einfluss des Liedes erkennt er in allen Damen auf den Wandbildern die Schöne wieder und seine Gedanken bewegen sich assoziativ in die „frühe(r) Kindheit“ zurück; denn schon damals, als er oft „schwüle(n) Nachmittage in dem einsamen Lusthause“ des väterlichen Gartens verbracht hatte, glaubte er, eine ebensolche „wunderschöne Dame“ gesehen zu haben (S. 39). Den beschwichtigenden Worten der Venus („ein jeder glaubt, mich schon einmal gesehen zu haben“, S. 39) entzieht er sich, indem er an das „offene Fenster“ tritt und dem fortdauernden Gesang lauscht, dessen „Gewalt“ über ihn schließlich die Befreiung bringt: „Herr Gott, laß mich nicht verlorengehen in der Welt!“ (S. 40). Diese „aus tiefstem Grund der Seele“ hervor dringende Anrufung Gottes hat umgehend eine dramatische Veränderung des Schauplatzes, der Atmosphäre, vor allem aber der Venus selbst zur Folge: Die „Schlange mit dem grünlichgoldenen Schweife“, das aufkommende Gewitter, die während eines langen Blitzes „starr, mit geschlossenen Augen und ganz weißem Antlitz und Armen“ vor ihm stehende Schlossherrin (S. 40) – all diese Eindrücke versetzen Florio in eine solche Panik, dass er ein steinernes Bild umstößt und damit im gesamten Raum, dessen Elemente zu dämonischem Leben erwachen, ein Chaos der Zerstörung auslöst. Währenddessen wird Venus „immer bleicher und bleicher“, ihre „Augensterne“ scheinen „unterzugehen“ (S. 41). Florio rettet sich in den Garten und erblickt dort Fortunato; dieser „fuhr abgewendet … im Kahne mitten auf dem Weiher, noch einzelne Akkorde in seine Gitarre greifend“ (S. 41). Donati, den er wegen der Vorgänge im Schloss zur Rede stellen will, findet er dagegen nicht mehr vor; wo seine Villa stand, befindet sich nun die Hütte eines Gärtners, der ihn seiner Erkundigung wegen für verrückt hält. „Mein Gott! wo bin ich denn so lange gewesen!“ (S. 42), fragt sich Florio wie aus einem bösen Traum erwachend. Doch die „unendliche Wehmut“, die in ihm fortwirkt (S. 42), lässt ihn seinen Tod an Ort und Stelle herbei sehnen.

Aufbruch und glückliches Ende (S. 42–48)
Auf den dringenden Wunsch seines besorgten Dieners hin verlässt Florio am Morgen des übernächsten Tages Lucca. Vor den Toren der Stadt trifft er auf drei Reiter: Fortunato, Pietro sowie einen ‚Knaben‘. Das vor ihnen ausgebreitete Landschaftsbild verweist auf wichtige Schauplätze des erzählten (inneren) Geschehens – die „alte(n) Ruinen“ eines verfallenen Schlosses, einen „Weiher“ und ein „zertrümmertes Marmorbild“ (S. 43) – und veranlasst den Sänger Fortunato zu einem langen Liedvortrag, dem der Leser eine psychologische wie religiöse Deutung des mysteriösen Geschehens um Florio entnehmen kann. Kommentierend fügt er hinzu, „der Geist der schönen Heidengöttin habe keine Ruhe gefunden“ und könne „jungen, sorglosen Gemütern“ immer noch gefährlich werden. In Erinnerung an das „alte(s), fromme(s) Lied“ (S. 46), das ihn aus dem Bann der Venus befreit hat, vermag Florio nun selbst wieder nach längerer Zeit zwei Strophen zu singen, in denen er sich mit bekennendem Pathos an Gott wendet. Die „stillklare Heiterkeit“ in seiner Seele befähigt ihn nun endlich, in dem Knaben Bianka zu erkennen, für die Pietro, um ihren depressiven Gemütszustand zu heilen, eine längere Reise vorgesehen hat. Alle „Verblendung“ fällt von Florio ab, und beide finden zueinander: der „wie neugeboren“ wirkende Florio und die sich „wie ein heiteres Engelsbild“ ausnehmende Bianka, die der Wandlung des Geliebten allerdings mit „ungewisser, noch halb zurückgehaltener Freude“ begegnet (S. 48).

Textanalyse und Interpretation

1 Personen

Florio

Innerhalb der wenigen Tage, in denen sich das Geschehen der Novelle abspielt, erlebt die Hauptperson Florio eine entscheidende Entwicklung. Sein Name leitet sich vom lateinischen Verb ‚**florere**' (blühen) her, und ebenso wird schon ganz zu Beginn die „junge(n), blühende(n) Gestalt (S. 8) Florios betont. Wenn er sich am Ende „wie neugeboren" fühlt (S. 48), so ist damit – nach Überwindung einer bedrohlichen Lebenskrise – ein Stadium der Reifung erreicht, das tatsächlich zu einem neuem Selbstverständnis und zu einer neuen Sicht der Dinge befähigt.

Durch Florios assoziative Erinnerungen wird der Leser über die – der Novellenhandlung voraus liegende – Zeit seiner Kindheit informiert. Entsprechend seinem sozialen Status als „junger Edelmann" (S. 5) ist er offensichtlich in wohlhabenden Verhältnissen aufgewachsen – von einem „Lusthaus" mit „alten Bildern" im „stillen Garten" des väterlichen Anwesens ist die Rede (S. 39). Hier, in „früher Kindheit" (S. 39), hat sich eine **träumerische, melancholische Gemütsverfassung** ausgeprägt, denn damals schon konnte er „stundenlang" zusehen,

> *„wie Wolken über die schwüle Gegend wegzogen. Die Gräser und Blumen schwankten leise hin und her über mir, als wollten sie seltsame Träume weben ..."* (S. 39)

An mehreren Stellen der Erzählung (u. a. S. 15, 25, 28, 34, 40, 42) spielen **Träume** eine Rolle – einmal unbeschwerte „Traumblüten" (S. 25), aber auch ganz andere, wenn er „wie ein Fieberkranker in die wunderlichsten Träume versank" (S. 34). Vor der entscheidenden Begegnung mit dem Marmorbild widerfährt Florio ein Traum (S. 15). Dieser ist ausschlaggebend für sein nachfolgendes Erlebnis am Weiher: Denn „Meer" und „Weiher" verweisen ebenso aufeinander wie die aus dem Meer auftauchenden „Sirenen" und die scheinbar gerade aufgetauchte Statue; schließlich haben die „schneeweißen Segel" des Traums ihre Entsprechung in den Schwänen, die „still ihre einförmigen Kreise um das Bild" zogen. So wird Florio durch diesen Traum in eine Stimmung versetzt, die ihn für den vom Marmorbild ausgehenden ‚Liebeszauber' überhaupt erst empfänglich macht. Auch die schlafwandlerische Sicherheit, mit der er zum Weiher und später zum Park der schönen Frau hin gelangt, lassen ihn als eine Person erscheinen, die noch **eher kindlich-spontane als erwachsene Charakterzüge** aufweist. Dafür spricht zudem, dass im Moment größter Gefahr – er befindet sich im innersten Bezirk des Venusschlosses – ein Kindheitserlebnis aufblitzt:

> *Da flog es ihn plötzlich ... an, daß er zu Hause in früher Kindheit oftmals ein solches Bild gesehen, eine wunderschöne Dame in derselben Kleidung ... Auch Abbildungen von Lucca und anderen berühmten Städten erinnerte er sich dort gesehen zu haben.* (S. 39)

Im Geschehen der Novelle gehen reale Erlebnisse und Begegnungen Florios mit aus seiner Kindheit herrührenden Fantasien und Sehnsüchten eine unauflösbare Verbindung ein. So wie die „Abbildungen von Lucca" ihn an diesen Ort geführt haben, wird das Bild der „wunderschönen Dame" dort für ihn lebendig. Einer solchen Verblendung aber kann – nach Ansicht des Autors Eichendorff – nur erliegen, wer seinen Lebensweg noch nicht gefunden hat. Der Sänger Fortunato wird am Ende der Erzählung zum kommentierenden Sprachrohr des Verfassers, wenn er die bevorzugten Opfer der Venus charakterisiert; es seien

> *„junge(n), sorglose(n) Gemüter, die dann vom Leben abgeschieden und doch nicht aufgenommen in den Frieden der Toten,*

> *zwischen wilder Lust und schrecklicher Reue, an Leib und Seele verloren, umherirren und in der entsetzlichsten Täuschung sich selber verzehren."* (S. 46)

Weder lebendig noch tot, gefangen in einer Zwischenwelt der Täuschung – ein solches Schicksal kann insbesondere „junge(n) Gemüter" ereilen, die aufgrund ihrer besonderen Empfindsamkeit und Empfänglichkeit für äußere Reize den Beruf des Dichters in Betracht ziehen. So wird Florio, der ganz ohne „Geschäft" nach Lucca kommt, „über und über rot" als ihn Fortunato für einen Poeten hält, wenn er auch selbst seine Fähigkeiten gering einschätzt (S. 5). Als seine eigentliche Tätigkeit gibt er das „Reisen" an, das ihn „aus einem Gefängnis erlöst" habe:

> *„... alle alten Wünsche und Freuden sind nun auf einmal in Freiheit gesetzt. Auf dem Lande in der Stille aufgewachsen, wie lange habe ich da die fernen blauen Berge sehnsüchtig betrachtet ..."* (S. 5 f.).

Florios unbestimmte **Sehnsucht nach Freiheit und Abenteuer** ist stärker als die verschlüsselte Warnung Fortunatos (S. 6); vielmehr erhält sie neue Nahrung durch das „fröhlich schallende(s) Reich" der Festgesellschaft und insbesondere das schöne Mädchen, dessen Liebe ihm – wie ihr zufällig „eine falsche Richtung" nehmender „Federball" – zuzufliegen scheint (S. 7). Da „jeder in der Runde" sich ein „Liebchen" erwählen muss (S. 8), dichtet er mühelos die passenden, wenn auch etwas unbeholfenen Verse und küsst die Angebetete „schnell auf die roten, heißen Lippen" (S. 9). In seinem Überschwang der Gefühle möchte er auch dem eher spröden Fortunato „seine Liebe und Ehrfurcht [...] sagen. Aber es wollte heute nicht gelingen. [...] Er konnte ihn gar nicht begreifen." (S. 9)

Der abrupte Stimmungswechsel nach dem Auftauchen des Ritters Donati betrifft vor allem Florio, der heftig erschrickt, als dieser ihn *als einen früheren Bekannten in Lucca willkommen hieß. Erstaunt und nachsinnend betrachtete er ihn von oben bis unten, denn er wußte sich durchaus nicht zu erinnern, ihn jemals gesehn zu haben. Doch war der Ritter ausnehmend beredt und sprach viel über mancherlei Begebenheiten aus Florios früheren Tagen.* (S. 13)

Auf dem Weg nach Lucca zusammen mit Fortunato und Donati reitet Florio „still wie ein träumendes Mädchen zwischen beiden." (S. 14) Diese Konstellation wird an einer späteren Stelle wieder aufgegriffen, als Florio am selben Morgen zunächst von Donati, dann von Fortunato eine Einladung erhält (S. 25f.; vgl. *Interpretationshilfe*, S. 78–82). In beiden Fällen kommt die Situation der Hauptfigur zum Ausdruck, die letztlich nach einer Entscheidung verlangen wird.

Florios Traum in der Herberge spiegelt seine aufgewühlte Stimmung wider: **Liebessehnsucht und Bedrohung** sind in ihm vereint; vor allem aber erscheint bemerkenswert, dass das „schöne Mädchen" sich in die „Sirenen" vervielfältigt und damit ihre konkrete Individualität verloren hat. So ist es nur folgerichtig, wenn er wenig später nicht mehr weiß, wem er das „Ständchen" eigentlich widmen wollte, das er auf seinem nächtlichen Spaziergang singt: „Denn die reizende Kleine mit dem Blumenkranze war es lange nicht mehr, die er eigentlich meinte." (S. 16)

Seine Liebe richtet sich nun auf ein imaginäres „schönes, großes und herrliches" Frauenbild, das seine **erotische Fantasie** dann am Weiher erzeugt. Allerdings ist das Erlebnis nur von kurzer Dauer: Die Vision aus „Blendung, Wehmut und Entzücken" (S. 17) schlägt jäh um, als die eigentümliche, künstlich-starre Szenerie in Bewegung kommt und Florios Blick auf „steinerne(n) Augenhöhlen" trifft (S. 17). Begreift man den schlafenden Diener „auf der Schwelle" symbolisch als Florios Gewissen (S. 18), so kann man seine Flucht und Rückkehr in die Herberge als vorläufige Rückkehr in die Normalität verstehen. In der Tat nur als eine vorläufige – denn ein „tiefes, unbestimmtes Verlangen war von den Erscheinungen der Nacht in seiner Seele zurückgeblieben." (S. 19)

Dies zeigt sich an seinem – von Fortunato mit „kecker Lustigkeit" (S. 18) kritisierten – Bekenntnis, „hohe Empfindungen" zu besitzen und ein „stilles Glück, das sich vor dem lauten Tage verschließt und nur dem Sternenhimmel den heiligen Kelch öffnet wie eine Blume, in der ein Eingel wohnt." (S. 19)

Bei aller Schwärmerei sind diese Äußerungen jedoch kein „Plunder", wie Fortunato meint; in ihrer religiösen Symbolik („Engel") drückt sich eine **Tiefe des Gefühls** aus, die Florio letztlich vor den Verführungskünsten der Venus bewahren wird. Bedenklich stimmt aber die Beobachtung, dass sein Innenleben sich zunehmend von der Außenwelt isoliert:

> *Aber der Morgen spielte nur einzelne Zauberlichter wie durch die Bäume über ihm in sein träumerisch funkelndes Herz hinein, das noch in anderer Macht stand. Denn drinnen zogen die Sterne noch immerfort ihre magischen Kreise, zwischen denen das wunderschöne Marmorbild mit neuer, unwiderstehlicher Gewalt heraufsah.* (S. 20)

Aufgrund dieser **Entfremdung zwischen ‚innen' und ‚außen'** findet er sich auch bald in jenem exotischen Park wieder, der – wie der Bezirk des Marmorbildes am Weiher – den Gesetzen von Raum und Zeit enthoben zu sein scheint und daher auch später unauffindbar bleibt. Der Liebeszauber geht hier jedoch ein ganz entschiedenes Stück weiter, denn er beobachtet nun eine „hohe, schlanke Dame von wundersamer Schönheit" (S. 21), die „unverkennbar die Züge, die Gestalt des schönen Venusbildes" aufweist (S. 21 f.). Ihre „blühende Gestalt" (S. 21) löst „blühende Träume" in Florio aus und die Ahnung, sie „schon lange gekannt und nur in der Zerstreuung des Lebens wieder vergessen und verloren" zu haben (S. 22). Das melancholische Lied, von ihr zur Laute gesungen, verstärkt diese Sogwirkung erheblich, trifft es doch den Poeten in Florio. So nimmt sich die gesamte Szene wie auf ihn zugeschnitten aus. Der Eindruck entsteht, dass das Gesehene und Gehörte – wie schon früher in Kindheitstagen – in dieser schwülen Mittagsatmosphäre aus seiner Fantasie emporsteigt. Doch wie beim Marmorbild am Weiher folgt auch hier eine radikale Wendung – diesmal durch Donati hervorgerufen, dessen unheimlicher Anblick Florio in Schrecken versetzt (S. 23). Der plötzliche Gefühlsumschwung führt bei ihm jedoch keineswegs zur Ernüchterung, zum Nachdenken über seine Situation, vielmehr reagiert er „wie ein Trunkener" (S. 24) auf Donatis Vorschlag, die schöne Verwandte einmal zu besuchen, und sieht seine zunehmende Verwirrung unter positiven Vorzeichen:

> *Das schöne Marmorbild war ja lebend geworden und von seinem Steine in den Frühling hinuntergestiegen, der stille Weiher plötzlich verwandelt zur unermeßlichen Landschaft, die Szene darin zu Blumen und der ganze Frühling ein Bild der Schönen.* (S. 24)

Wenn Florio am anderen Morgen Fortunato zur Kirche begleitet und die Einladung Donatis zur Jagd ablehnt, so hat er vor allem eine eventuelle Begegnung mit der Schönen im Sinn, auch „konnte (er) nicht beten, er war zu fröhlich zerstreut" (S. 26); gleichwohl zeigt sich hier, dass er doch eher Fortunato zugeneigt ist als dem finsteren Ritter, der ihn immer wieder befremdet, von dem aber durch seine Verbindung zur Venus eine geheimnisvolle Faszination ausgeht. Eine erste Begegnung zwischen Florio und der schönen Dame kommt aber ohne seine Vermittlung auf dem Maskenfest im Hause Pietros, des Onkels von Bianka, zustande. Die Maskerade und das „seltsame Doppelbild" der beiden Griechinnen (S. 29) erzeugen ein erotisch reizvolles Verwirrspiel, eine Prüfung sozusagen, die Florio aber nicht besteht. Seit dem Sirenentraum hat er Bianka ‚verloren' – schemenhafte, unpersönliche Vorstellungen von idealer Schönheit haben das Bild des reizenden Mädchens in seinem Inneren verdrängt. Obwohl ihm zunächst Bianka – im Schutz der Maske – stumm eine Rose überreicht (S. 27), schlägt ihn auch auf dem Fest Venus in ihren Bann: Er folgt ihr, lauscht erneut ihrem betörenden Gesang (S. 29) und lässt sich in ein Gespräch verwickeln (S. 31/32), wobei ihm das Gesicht der „wunderbare(n) Schöne(n) ... bleich und regungslos ..., fast wie das Marmorbild am Weiher“ vorkommt (S. 32). Mit Bianka dagegen, die ihm kurz darauf Fortunato vorstellt, kommt keine wirkliche Kommunikation zustande; zu verwirrt und wie abwesend erscheint Florio, der auf ihre Vision der nächtlichen Natur schreckhaft reagiert und bruchstückhafte, widersprüchliche Antworten gibt:

> *Er konnte endlich den Zwang nicht länger aushalten. Sein Herz war so voll und gepreßt und doch so überselig. Er nahm schnell Abschied, eilte hinab und ritt ohne Fortunato und alle Begleitung in die Stadt zurück.* (S. 34)

Mit dieser **vollständigen Entfremdung zwischen Florio und Bianka** scheint nun die Voraussetzung für einen endgültigen Sieg der Venus über die Psyche des jungen Mannes gegeben zu sein. Begreift man die Abfolge der zentralen Schauplätze – vom Weiher mit dem Marmorbild über den Lustgarten der Schönen und den Maskenball bis hin zum Venusschloss – als Stationen eines inneren Prozesses, so erkennt man, wie **Florio sich** zunehmend **im Labyrinth seiner erotischen Fantasien verliert** und von der Außenwelt entfernt. Der „heidnische Tempel“ (S. 36) und schließlich eines der „prächtigsten Gemächer des Schlosses“ (S. 38) bilden das Endstadium dieser Entwicklung. Sie sind zugleich aber der Schauplatz der **Befreiung Florios** aus höchster Gefahr – eine Befreiung, die allerdings von ihm selbst ausgehen muss, soll der Zauber der Venus endgültig gebrochen werden. Florio gelingt dies, indem er – mit Unterstützung Fortunatos – psychische und religiöse Kräfte, also Erinnerungsvermögen und Gottvertrauen, im entscheidenden Moment aufbringt. Seine Erinnerung an die „schwülen Nachmittage in dem einsamen Lusthause“ mit den „alten Bildern“ führen ihn an das Verständnis seines jetzigen Zustandes heran, stellen schon einen Zusammenhang her zwischen der Verblendung durch Venus und intensiven Kindheitseindrücken, die noch immer Gewalt über ihn ausüben und geradezu „lebendig“ geworden sind (S. 39). Um sich von ihnen wirklich lösen zu können, dazu bedarf es allerdings mehr als einer psychologischen ‚Selbstanalyse‘, zu der Florio assoziativ vorstößt. Die Rettung für das im Labyrinth seiner Fantasien gefangene ‚Ich‘ muss ‚von außen‘ kommen. Für den katholischen Autor Eichendorff ist es zwingend die **Gnade einer höheren Instanz**, die den Weg zu den Menschen und zu einem verantwortungsvollen Leben in der Gesellschaft weist. Der „ans offene Fenster“ tretende (S. 39) und sich dem Gesang Fortunatos hingebende Florio sucht und findet den Kontakt zu dieser Instanz: „Herr Gott, laß mich nicht verlorengehen in der Welt!“ (S. 40)

Diese „innerlichst ausgesprochen(en)“ Worte (S. 40) lösen ein erfrischendes Gewitter aus und bringen die verlockend schöne Venuswelt zum Einsturz. Was zurückbleibt, ist das tatsächlich Wahrnehmbare, worüber am Ende der Novelle ganz nüchtern gesprochen werden kann: eine „alte(n) Ruine“, ein „Weiher“ und ein „zertrümmertes Marmorbild“ (S. 43).

Mit Florios erstauntem Ausruf, wo er denn „so lange gewesen“ sei (S. 42), ist seine Entwicklung jedoch noch nicht abgeschlossen. **Aus seiner Traumwelt gestürzt**, sieht er sich dem realen Leben gegenüber, in dem er nicht verankert ist und das ihm – ohne die „unbeschreibliche Schönheit der Dame“ – so sinnlos und leer erscheint, dass er in eine schwere **Depression** gerät (S. 42). Um überhaupt auf neue Gedanken kommen zu können, erscheint ein Ortswechsel dringend notwendig, zu dem ihn sein „getreue(r) Diener“ (S. 43) – symbolisch für sein Gewissen – schließlich überreden kann. Der erfrischende Ritt in der „frühen Morgendämmerung“ (S. 42), der distanzierte Blick auf die Orte

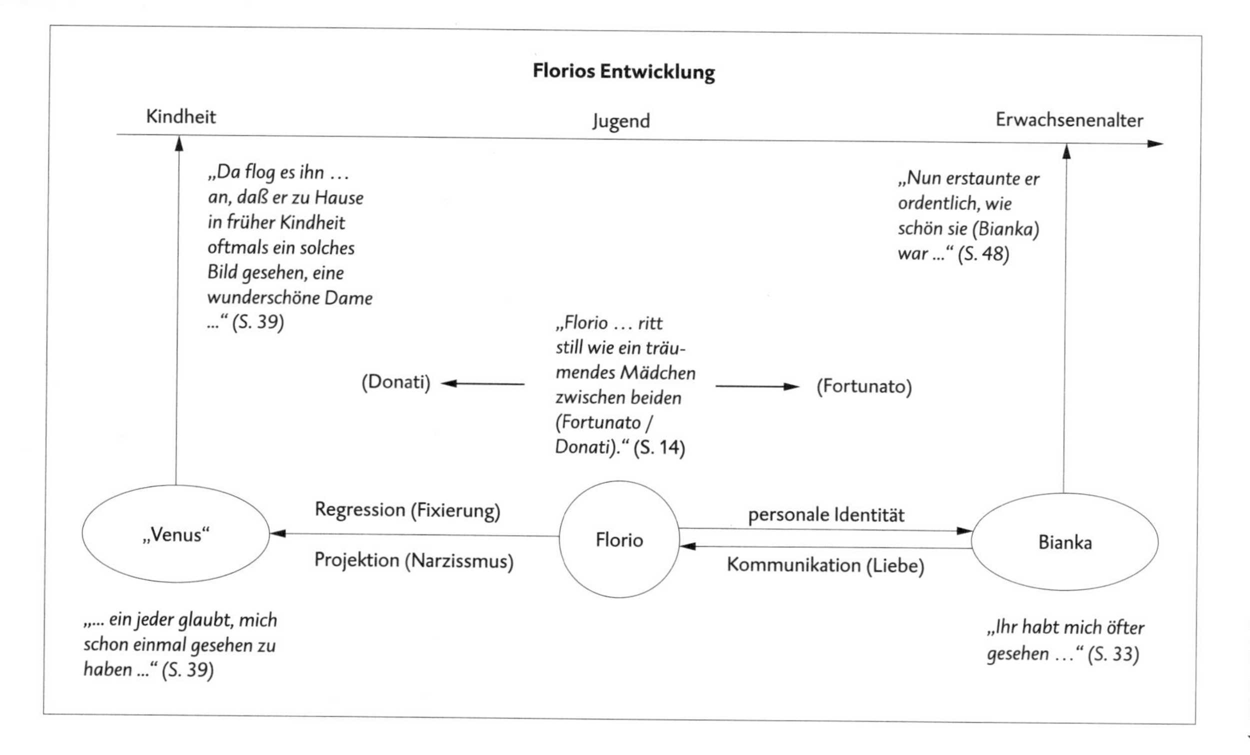
Florios Entwicklung
Kindheit
Jugend
Erwachsenenalter
„Da flog es ihn … an, daß er zu Hause in früher Kindheit oftmals ein solches Bild gesehen, eine wunderschöne Dame …“ (S. 39)
„Nun erstaunte er ordentlich, wie schön sie (Bianka) war …“ (S. 48)
„Florio … ritt still wie ein träumendes Mädchen zwischen beiden (Fortunato / Donati).“ (S. 14)
(Donati)
(Fortunato)
„Venus“
Regression (Fixierung)
Projektion (Narzissmus)
Florio
personale Identität
Kommunikation (Liebe)
Bianka
„… ein jeder glaubt, mich schon einmal gesehen zu haben …“ (S. 39)
„Ihr habt mich öfter gesehen …“ (S. 33)

des vergangenen Geschehens im Landschaftsbild, schließlich Fortunatos tiefsinniges Lied und seine Deutung der Ereignisse – alles das scheint therapeutisch auf Florio zu wirken. Zum einen ist er nach langer Zeit – sein letztes Lied sang er vor der Begegnung mit dem Marmorbild (S. 16) – wieder fähig, „mit heller Stimme" zwei dankbare Strophen an Gott zu richten; als „redlicher Dichter" im Sinne Fortunatos bekundet er seine Freiheit mit begeisterten Worten (S. 47). Zum anderen **erkennt er** nun endlich in dem Knaben „Fräulein **Bianka**". Dieses ‚Erkennen' meint mehr als ein bloßes Identifizieren, es ist genau das Gegenteil jener „Verblendung" (S. 48), die sich auf dem Maskenfest, aber auch sonst zwischen beide geschoben hatte. Mit seinem Blick erfasst Florio nicht nur, „wie schön" sie ist, sondern auch ihre „ganze klare Seele" (S. 48) – die Gesamtheit ihres individuellen Wesens also. Dass sie am Ende der Novelle als Knabe verkleidet erscheint, verweist zurück an den Anfang: Dort heißt es einmal von Florio, dass er „still wie ein träumendes Mädchen" zwischen Donati und Fortunato reitet (S. 14). Seine gefährliche Liaison mit der Venus kann insofern als produktive Krise verstanden werden, denn sie hat ihn letztlich aus diesem pubertären Schwebezustand heraus getrieben, damit aber seine **Entwicklung zu einem erwachsenen, liebesfähigen und künstlerisch aktiven Mann** befördert.

Venus und Bianka

Innerhalb der Personenkonstellation der Novelle bilden Florio, Venus und Bianka ein ‚Dreieck', wie man es aus vielen Liebesgeschichten kennt: Die beiden Frauenfiguren stehen in einem Verhältnis der Rivalität zueinander, und Florio, der von beiden Begehrte, erliegt zunächst fast den Reizen der einen, während er am Ende sein Glück mit der anderen findet. Venus und Bianka stellen außerdem in mehrfacher Hinsicht einen Kontrast dar; sie verkörpern **gegensätzliche Frauentypen** in exemplarischer

Weise. Es darf aber nicht vergessen werden, dass sie unterschiedlichen Realitätsebenen angehören und von Rivalität im üblichen Sinne nur eingeschränkt die Rede sein kann. Dieser entscheidende Unterschied zeigt sich schon an der Namensgebung: Die **schöne Dame** erhält keinen individuellen Namen, wird aber mit dem **Venusbild** am Weiher mehrfach in Verbindung gebracht. Venus, die römische Göttin, ist – anders als ihre griechische Entsprechung Aphrodite – nicht exklusiv für Liebe und Sexualität zuständig, sondern für den gesamten Bereich der Vegetation, damit auch für den Frühling. ‚**Bianka**' dagegen ist ein Eigenname, der sich aus dem Italienischen herleitet und ‚weiß' im Sinne von ‚unschuldig' oder ‚**keusch**' bedeutet; somit verweist er auf einen persönlichen Charakterzug.

Moritz von Schwind, *Erscheinung im Walde*

Was man über die schöne Frau **Venus** erfährt, kann sich nicht zu einem Charakterbild runden, weil sie **von einem Widerspruch beherrscht** wird, der sie immer wieder zu zerbrechen droht und ihr den mysteriösen Anschein eines ‚Wanderers zwischen zwei Welten' gibt. Schon bei der Beschreibung des Marmorbildes am Weiher ist einerseits von einer „Wunderblume", „blühendem Leben" und „schönen Glieder(n)", kurz darauf aber von ihrem „fürchterlich weiß(en) und regungslos(en)" Aussehen und von „steinernen Augenhöhlen" die Rede (S. 17). Bei der Lautenspielerin im Park kontrastiert das „himmelblaue(n) Gewand … mit buntglühenden, wunderbar ineinander verschlungenen Blumen“ mit ihren „blendendweißen Achseln“ (S. 21). Auf dem Maskenfest erschrickt Florio über das „bleiche(n) und regungslose(n)“ Gesicht seiner Dame, die gerade noch von den „Blumen des Lebens“ geschwärmt hatte und nun mit ihrem „schneeweißen Zelter“ davonsprengt (S. 31 f.). Im Schlossgemach schließlich, wo sie Florio mit „zierlich wechselnd(en) Bewegungen“ betört hatte (S. 38), wird die Schöne kurz darauf „unbeweglich still“ (S. 40), „immer bleicher und bleicher“, bis ihre „Augensterne unterzugehen schienen“ (S. 41). Venus scheint dem Leben und dem Tod gleichzeitig anzugehören; die **ständige Nähe des Todes im blühenden Leben** überzieht ihre glänzenden Auftritte mit dem Schleier einer Melancholie, die jedoch keine persönliche Schwermut aus Liebeskummer ist, sondern natürliches Schicksal im Kreislauf der Natur. „Und schmerzlich nun muß ich im Frühling lächeln,/Versinkend zwischen Duft und Klang von Sehnen.“ (S. 22) Dieses überpersönliche Schicksal der Venus, mit dem Frühling zu kommen und mit diesem wieder gehen zu müssen, findet in den Naturbildern ihrer beiden Lieder (S. 22, 29) einen passenden, vom Alltag abgehobenen Ausdruck.

Vom normalen menschlichen Leben deutlich abgesetzt erscheinen die Orte, an denen sie in Erscheinung tritt: Um das Marmorbild am Weiher ziehen „Schwäne … still ihre einförmigen Kreise“ (S. 17), den Park der Schönen begrenzt ein „Tor von Eisengitter“ (S. 20) und „hohe Buchenhallen“ schirmen ihn von der Außenwelt ab (S. 21); das erste Gespräch zwischen Venus und Florio findet ebenfalls in einem Garten statt, während draußen „der weite Kreis der Gegend still und feierlich“ ruht (S. 31); beim Besuch im Schloss führt Florios Weg durch den „schönen Garten“, der den Palast „ringsum“ einfasst (S. 36), in das „Innere des Schlosses“ (S. 37) und eines von dessen „prächtigsten Gemächer(n)“ (S. 38). So wird der junge Mann, der zunächst nur eine Beobachterposition einnimmt, immer mehr in den Bann der Göttin gezogen; er bemerkt es selbst, wenn er „sich auf einmal hier so fremd und wie aus sich selbst verirrt“ vorkommt (S. 49). Diese **Entfremdung** – nicht nur von anderen Menschen, sondern sich selbst gegenüber – ist der **Preis für das kurzzeitige Wiederaufleben der Venus**, deren Liebe nicht befreit und beglückt, sondern ihn im Gegenteil auf sich selbst zurückwirft. Der psychologische Begriff für diesen Sachverhalt lautet **Narzissmus** und ist abgeleitet von dem antiken Narziss-Mythos, der von der tödlichen Selbstliebe eines Knaben handelt. Die geometrische Figur des Kreises in den Landschaftsbildern (u. a. S. 17, 31, 36) kennzeichnet diesen ziel- und richtungslosen, selbstbezüglichen Zustand; vor allem aber ist er charakteristisch für Venus, wenn sie als Marmorstatue „das Bild der eigenen Schönheit“ im „Wasserspiegel“ zu bewundern scheint (S. 17) oder sich als Schlossherrin immer wieder im „Spiegel“ betrachtet (S. 36 f.).

Die Art und Weise, wie Bianka in die Erzählung eingeführt wird, steht in deutlichem Kontrast zu Florios Begegnung mit dem Marmorbild:

> *Besonders zog die eine durch ihre zierliche, fast noch kindliche Gestalt und die Anmut aller ihrer Bewegungen Florios Augen auf sich. Sie hatte einen vollen bunten Blumenkranz in den Haaren und war recht wie ein fröhliches Bild des Frühlings anzuschauen, wie sie so überaus frisch bald über den Rasen dahinflog, bald sich neigte, bald wieder mit ihren anmutigen Gliedern in die heitere Luft hinauflangte. Durch ein Versehen ihrer Gegnerin nahm ihr Federball eine falsche Richtung und flatterte gerade vor Florio nieder. Er hob ihn auf und überreichte ihn der nacheilenden Bekränzten. Sie stand fast wie erschrocken vor ihm und sah ihn schweigend aus den schönen, großen Augen an. Dann verneigte sie sich errötend und eilte schnell wieder zu ihren Gespielinnen zurück.* (S. 7)

Ihre zweimal betonte „Anmut“, der „volle Blumenkranz“ im Haar, ihre Erscheinungsweise als „fröhliches Bild des Frühlings“, das spontane Erröten und nicht zuletzt die „schönen, großen Augen“ sind hier die zentralen Merkmale der Charakterisierung, die den Kontrast zwischen ihr und Venus verdeutlichen. Nach einer Definition Friedrich Schillers ist Anmut ‚Schönheit in Bewegung‘, und genau diese **‚bewegte Schönheit‘** strahlt **Bianka** beim Fest vor den Toren Luccas aus. Innerhalb der lebhaften Szene, die an ein impressionistisches Gemälde erinnert, kommt dem vor Florio niederflatternden „Federball“ eine besondere Bedeutung zu; er stiftet zwischen der empfindsam errötenden Bianka und dem – im Gespräch mit Fortunato – „über und über rot“ werdenden Florio (S. 5) einen Kontakt, der für den unerfahrenen jungen Mann eine Herausforderung darstellt – handelt es sich hier doch um ein ‚wirkliches‘, aktives junges Mädchen. Geht durch die Venusfigur ein Riss zwischen Lebenssehnsucht und Todesstarre, so sind **in Biankas Wesen** und Erscheinung **Widersprüche erotisch reizvoll miteinander verbunden**: Hinter ihren „langen, furchtsamen Augenwimpern“ dringen „dunkelglühende(n) Blicke“ hervor (S. 8) und auf Florios Lied hin schaut sie „beinahe schelmisch zu ihm hinauf und senkte schnell wieder das Köpfchen, da sie seinen Blicken begegnete.“ (S. 9) Der spontane Kuss auf die „roten, heißen Lippen“ (S. 9) – Ausdruck jugendlich pulsierenden Lebens und erotischer Zuwendung – stellt in dieser Liebesgeschichte einen frühen Höhe- und zugleich vorläufigen Schlusspunkt dar.

Bei der nächsten Begegnung mit ihr nimmt Florio aufgrund seiner Verblendung Bianka gar nicht wahr: Auf dem Fest in Pietros Landhaus überreicht sie ihm, in „griechischem Gewande“ und hinter einer „Larve“ halb versteckt, eine „Rose“ und verschwindet sofort in der Menge (S. 27). Wie schon im Falle des frühlingshaften Blumenkranzes und der Namenssymbolik – ‚weiß‘ steht bei Bianka für ‚Unschuld‘ bzw. ‚Keuschheit‘, bei

Venus für Erstarrung und Tod – wird **anhand der Rose zwischen den beiden Frauenfiguren eine Beziehung** hergestellt: Die Schlossherrin wird von einer Dienerin mit „Rosen“ geschmückt (S. 36) und als Lautenspielerin im Park singt sie ein wehmütiges Lied, in dem die Rose zum Sinnbild der Vergänglichkeit alles Schönen, des kurzen Frühlings und damit des eigenen Schicksals wird (S. 22). Bianka dagegen verwendet die ‚Königin der Blumen‘ nicht als Requisit im Rahmen einer narzisstischen Selbstdarstellung, sie überreicht sie Florio als Erinnerungszeichen und ordnet dieses ‚Schmuckstück‘ der Liebe zu dem jungen Mann unter. Wie sich später zeigt, hat Florio tatsächlich die Rose „an seine(r) Brust“ geheftet, ohne dass aber die ‚Botschaft‘ bei ihm angekommen wäre – „Ihr habt mich öfter gesehen“ (S. 33) – auch diesen Hinweis vermag Florio nicht zu deuten, während der aufmerksame Leser sich später daran erinnern wird, wenn Venus äußert: „ein jeder glaubt, mich schon einmal gesehen zu haben“ (S. 39). Hier wird noch einmal der für Florios Entwicklung entscheidende Unterschied zwischen individueller, unverwechselbarer Liebe („Ihr habt …“) und narzisstischer Verblendung („ein jeder glaubt … zu haben“) auf den Begriff gebracht.

Dem scheuen, zurückhaltenden Charakter Biankas entspricht die Tatsache, dass sie sich eher durch Gestik und Mimik als durch Sprache ausdrückt. Nur eine Stelle der Erzählung macht hier eine Ausnahme. Am Ende des Maskenfestes äußert sie zu Florio:

> *„Es ist gar seltsam … so plötzlich aus der lauten Lust in die weite Nacht hinauszutreten. Seht nur, die Wolken gehen so oft schreckhaft wechselnd über den Himmel, daß man wahnsinnig werden müßte, wenn man lange hinsähe; bald wie ungeheure Mondgebirge, mit schwindligen Abgründen und schrecklichen Zacken, ordentlich wie Gesichter, bald wie die Drachen, oft plötzlich lange Hälse ausstreckend und drunter schießt der Fluß heimlich wie eine goldene Schlange durch das Dunkel, das weiße Haus da drüben sieht aus wie ein stilles Marmorbild.“* (S. 33 f.)

Georg Friedrich Kersting, *Die Kranzwinderin*

Obgleich Bianka nicht wissen kann, was genau in Florio vorgeht, löst ihre düstere Naturvision bei ihm heftiges Erschrecken aus (S. 34); denn sie stellt verschlüsselt den Prozess der Verzauberung („aus der lauten Lust in die weite Nacht") dar, der den Menschen „wahnsinnig" machen kann, wenn er sich den nächtlichen Naturerscheinungen hingibt. Diese gewinnen dann Eigenleben, verselbstständigen sich zum „Drachen“, zur „goldene(n) Schlange“ und zum „Marmorbild“ und lassen ihm keine Ruhe mehr. Als **Florio sich** aber trotz dieser beherzten Warnung weiterhin **verschließt**, bleibt ihr nur noch die **Resignation**. Entgegen ihrem sonstigen Wesen vermag auch das „Morgenlicht“ Bianka nicht aufzuheitern. Da der erträumte „künftige(n) Bräutigam“ (S. 34) für immer verloren zu sein scheint, kann das Zerpflücken des Blütenkranzes, der ihr „Brautkranz“ werden sollte, als symbolische Handlung verstanden werden. Wir erfahren am Ende der Novelle, dass sie von diesem Zeitpunkt an in eine „tiefe Schwermut“ fällt (S. 47), aus das sie „wie Blumen vor dem ersten Sonnenstrahl“ erwacht (S. 47), als das alte und vertraute ‚Ich‘ Florios in seinem Lied endlich zum Durchbruch gekommen ist. Der angebliche „Knabe“ zeigt jene „langen, schwarzen Augenwimpern“ (S. 48), die Florio schon am Beginn der Erzählung aufgefallen waren (S. 8). Sie geben einen „Blick“ frei, der nun nicht mehr „dunkelglühend(en)“ ist (S. 8), sondern „die ganze klare Seele“ widerspiegelt; insgesamt erscheint Bianka „wie ein heiteres Engelsbild auf dem tiefblauen Grunde des Morgenhimmels“ (S. 48). Das Mädchen, das in der Erzählung fast ausschließlich in der freien Natur auftritt, wird durch diesen Vergleich in den christlichen Himmel erhoben. Mit einer solchen Verklärung will der Autor Eichendorff sie zum **Ideal eines Frauenbildes** verallgemeinern, das der heidnischen Venus der Antike als **christliches Gegenbild** konfrontiert werden kann.

Donati und Fortunato

Die oben beschriebene Personenkonstellation wird durch Donati und Fortunato symmetrisch ergänzt: Auch zwischen diese beiden gegensätzlichen Figuren sieht sich Florio gestellt, wie sich schon auf dem Ritt nach Lucca zeigt (S. 14). Außerdem ist Donati als Diener bzw. Verwandter der Venus zugeordnet, während Fortunato die Begegnung mit Bianka vermittelt und überhaupt eine Beziehung zwischen Florio und dem jungen Mädchen zu fördern scheint. Insgesamt bilden die vier Figuren so ein **Spannungsfeld der Kontraste** (Venus – Bianka; Donati – Fortunato) und **Entsprechungen** (Venus/Donati; Bianka/Fortunato), in dessen **Zentrum** die **Hauptfigur Florio** den verschiedenen negativen wie positiven Einflüssen ausgesetzt ist.

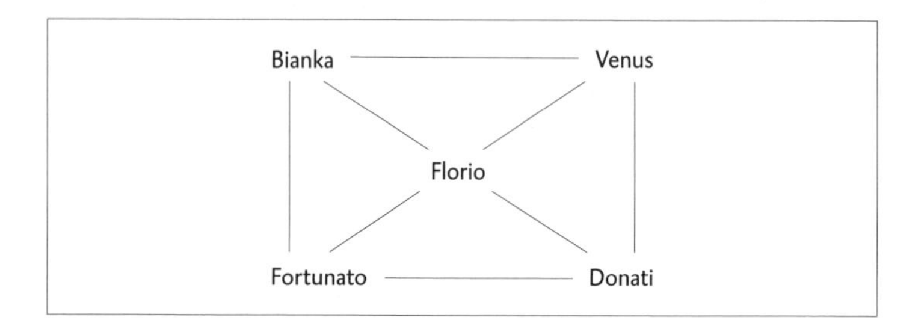

Wie schon die anderen Figuren wird auch der Ritter Donati bei seinem ersten Auftreten anhand auffälliger Merkmale und Verhaltensweisen charakterisiert:

> *Da trat ein hoher, schlanker Ritter in reichem Geschmeide, das grünlichgoldene Scheine zwischen die im Winde flackernden Lichter warf, in das Zelt hinein. Sein Blick aus tiefen Augenhöhlen war irre flammend, das Gesicht schön, aber blaß und wüst. Alle dachten bei seinem plötzlichen Erscheinen unwillkürlich schaudernd an den stillen Gast in Fortunatos Lied. Er begab sich aber nach einer flüchtigen Verbeugung gegen die Gesellschaft zu dem Büfett des Zeltwirtes und schlürfte hastig dunkelroten Wein mit den bleichen Lippen in hastigen Zügen hinunter.* (S. 12)

Der „grünlichgoldene Schein“ weist ihn, wie spätere Stellen zeigen (S. 35, 40), als Gesandten der Venus aus; seine Physiognomie wird beherrscht durch den „irre flammenden“ Blick in einem sonst totenähnlichen Antlitz („blaß“, „bleiche(n) Lippen“), dessen „wüste(n)“ Erscheinung auf **innere Zerrissen-**

heit hindeutet, die er mit seinem hektischen Weingenuss zu betäuben scheint. Solche unversöhnten Gegensätze erinnern ebenfalls an die Darstellung der Venus, und wie diese glaubt er über „Florios frühe(n) Tage“ Bescheid zu wissen (S. 13). Als **Außenseiter**, der wie aus dem Nichts auftaucht (vgl. auch S. 25) und den Eindruck vermittelt „nirgends hineinzupassen“, löst er in der Festgesellschaft eine „ängstliche Stimmung“ aus (S. 13). Er ähnelt seiner Herrin auch darin, dass ihn sein kostbares „Geschmeide“ (S. 12) von den anderen Damen und Herren abhebt. Vor den Toren von Lucca werden erneut sein Außenseitertum und sein gespaltenes Wesen deutlich, denn als sein Pferd scheut und nicht weiter will, heißt es:

> *Ein funkelnder Zornesblitz fuhr fast verzerrend über das Gesicht des Reiters und ein wilder, nur halb ausgesprochener Fluch aus den zuckenden Lippen, worüber Florio nicht wenig erstaunte, da ihm solches Wesen zu der sonstigen feinen und besonnenen Anständigkeit des Ritters ganz und gar nicht zu passen schien.* (S. 14)

Donati scheint es nicht immer zu gelingen, seine **eigentliche dämonische Natur** hinter gepflegten ritterlichen Manieren zu verstecken. Das wird auch bei der zweiten Begegnung Florios mit ihm deutlich, allerdings unter anderen Vorzeichen. Im Park der Schönen trifft jener auf den schlafenden Donati, der „wie ein Toter aussah“, unmittelbar nach dem Aufwachen erschreckend „stier und wild“ blickt und dann erst zu seiner galanten Sprache findet, indem er die „Dame“ als seine „Verwandte“ bezeichnet (S. 23). Nach antiker Auffassung ist der Schlaf ein Bruder des Todes, der auf Grabmälern als Jüngling mit nach unten gewendeter Fackel dargestellt wurde – so aber wird der Todesbote im Lied Fortunatos beschrieben, das auf die Ankunft Donatis vorausdeutet (S. 11 f.). Der Ritter scheint wie seine Verwandte **zwischen Leben und Tod zu wandeln** und wird daher „sehr ernst“, verfällt in „tiefes Nachdenken“ (S. 23), da er

Florios Erscheinen im Park zurecht als Hinweis auf seine Bezauberung durch die Venus deutet.

Am darauf folgenden Sonntag erscheint Donati „schwarz gekleidet“ bei Florio, er wirkt „ungewöhnlich verstört, hastig und beinahe wild“ auf ihn. Mit einem „ingrimmigen, abscheulichen Lachen“ antwortet er auf Florios Weigerung, ihn zur Jagd zu begleiten – eine Reaktion, die heftige innere Spannungen verrät, welche auch zum Ausdruck kommen, als er „heimlich schauderte, wie er so in die Sonntagsstille der Felder hinaussah.“ (S. 25) Beim „Glockenklang von den Türmen der Stadt“ schließlich wiederholt er seine Einladung „erschrocken“ und „ängstlich“ (S. 25), ruft „aus tiefster, geklemmter Brust“ zwei hastige Abschiedsworte und „stürzte aus dem Hause fort.“ (S. 26) Gegenüber der Anfangsszene der Novelle erfährt die **Verstörtheit und Ruhelosigkeit des Ritters** hier eine Steigerung. Sie ist zurückzuführen auf die frische Morgenstimmung, die Donati – wie auch der Venus, die andere Tageszeiten bevorzugt – offenbar nicht bekommt. Insbesondere scheint ihn aber die „Sonntagsstille“ der Natur, die „zu Gottes Ehre“ geschmückt, von „Glockenklang“ und „Beten“ erfüllt ist (S. 25), abzustoßen. Donati trifft jedoch keine freie Entscheidung, wenn er sich den sonntäglichen Freuden der Menschen entzieht, er unterliegt vielmehr einem dämonischen Zwang, der ihn von jenen schmerzhaft fortreißt.

Wir erleben den Ritter Donati zum letzten Mal in der Novelle, als er Florio in seinem „Landhaus vor der Stadt“ bewirtet (S. 35) und dann nach dem Schloss begleitet. Die Atmosphäre in der „zierlichen Villa“ (S. 42) – mit „Früchten und kühlem Wein“, Gitarrenklängen und dem „Duft vielfacher Blumen“ (S. 35) – verweist schon auf das exotische, erlesene Innere des Venusschlosses, das sie in verkleinertem Maßstab darstellt. Bereits bei seinem ersten Auftritt trank Donati „hastig dunkelroten Wein“ (S. 12), und seine Jagdleidenschaft teilt er mit Venus, die gerade „von der Jagd nach ihrem Schloss zurückkehrt" (S. 35). Jagdvergnügen und Weingenuss deuten darauf hin, dass Donati wie auch die schöne Dame der **antik-heidnischen Welt** zugehören: Jene Verhaltensweisen stehen für Rausch bzw. Selbstvergessenheit und Naturausbeutung bzw. Jagd nach dem Glück. So bilden sie einen scharfen Gegensatz zum Lob Gottes in der freien Natur und zum Glück der Liebe, das dem aus seiner Verblendung erwachten Florio am Ende der Erzählung wie ein Geschenk zufällt.

Dass es zu einem glücklichen Ende kommen kann, verdankt Florio nicht zuletzt **Fortunato**, der ihn schon ganz am Anfang der Erzählung zur „fröhlichen Sangeskunst" ermutigt (S. 5) und zugleich vor den verlockenden Tönen eines „wunderbaren Spielmann(s)" warnt (S. 6). Seine „bunte(r) Tracht", sein „frisches, keckes Wesen" und seine „fröhliche Stimme" (S. 5) stehen in Kontrast zur Erscheinungsweise Donatis. Zwar heben sich beide deutlich von der Festgesellschaft ab – „Fortunato allein gehörte allen oder keiner an und erschien fast einsam" (S. 9) – doch ist der Sänger kein Außenseiter, sondern steht **im Mittelpunkt des allgemeinen Interesses** (S. 8). Eine gewisse Distanz ist die Voraussetzung dafür, dass er – im Unterschied zu den anderen Figuren der Erzählung – **sich selbst treu** bleibt, keinen Stimmungsschwankungen oder negativen Einflüssen ausgesetzt ist. Die Stärke seiner Identität wurzelt in seinem **festen Gottvertrauen**, das auch die Grundlage seiner Kunst ist. Jenes „fromme(s) Lied" (S. 46), mit dem er Florio rettet, singt er bezeichnenderweise vom imaginären Schloss der Venus „abgewendet und hoch aufrecht stehend im Kahne mitten auf dem Weiher" (S. 41) – an dem Ort also, wo Florio zum ersten Mal der Verführung der Venus erlag. Als „**redlicher Dichter**" kann er

„viel wagen, denn die Kunst, die ohne Stolz und Frevel, bespricht und bändigt die wilden Erdengeister, die aus der Tiefe nach uns langen." (S. 47)

Doch bewährt sich Fortunato nicht nur durch seinen fest gefügten Charakter, sondern er ist darüber hinaus in der Lage, die mysteriösen Vorgänge um ihn herum zu deuten. Seine beiden langen **Lieder** (S. 10–12, 44–46) sind im Unterschied zu den anderen Gesängen (Venus, Florio) nicht nur Ausdruck von Stimmungen, eines inneren Befindens. Mit ihren Anspielungen auf antike Mythologie und christliche Religion **verallgemeinern** sie **das Geschehen** der Erzählung, sehen Florios Entwicklung in größeren Zusammenhängen und legen dem Leser ein bestimmtes Textverständnis nahe. Seine Überlegenheit weist Fortunato als Sprachrohr des Autors Eichendorff aus, was auch sein abschließender, souveräner Kommentar über die „alte Verführung … an jungen, sorglosen Gemütern" zeigt (S. 46).

Fortunatos bevorzugte Tageszeit ist der Morgen, ein „recht kerngesunder, wildschöner Gesell", der „wogt, lärmt und singt" (S. 18) und die Welt in eine bunte Bewegung versetzt, die düstere Träume nicht aufkommen lässt. Am Sonntagmorgen erscheint er Florio – im Kontrast zu Donati – als „frische(r), klare(r) Sänger" und wie ein „**Bote des Friedens**" (S. 26), während die „Morgenröte" sowie die „heitere Morgenluft" am Ende der Novelle (S. 43) seine „klare(n), fröhliche(n) Stimme" zum Klingen bringen (S. 44). Diese Eigenschaften, die er in den Dienst Gottes stellt, zeichnen ihn aus: ein klarer Verstand, ein geschärftes sinnliches Wahrnehmungsvermögen und seine poetische Sangeskunst. So verwundert es nicht, dass er über Donati schon bei der ersten Begegnung ein „harte(s) Urteil" fällt, ihn als einen von jenen „falben, ungestalteten Nachtschmetterlingen" bezeichnet, die

> *„wie aus einem phantastischen Traume entflogen, durch die Dämmerung schwirren und mit ihrem langen Katzenbarte und gräßlich großen Augen […] ein Gesicht haben wollen."* (S. 14)

Aber auch Florios nächtlicher Spaziergang, hinter dem er gefährliche Schwärmerei vermutet, findet vor Fortunatos Augen keine Gnade; über seine „sanfte(n) Empfindungen", die nur bei

„Mondschein“ gedeihen, macht er sich lustig und empfiehlt als Gegenmittel die frische Morgenluft:

> *„Nun, wenn Ihr's nicht glaubt, versucht es nur einmal und stellt Euch jetzt hierher und sagt zum Exempel: ‚O schöne, holde Seele, o Mondschein, du Blütenstaub zärtlicher Herzen‘ usw., ob das nicht recht zum Lachen wäre! Und doch wette ich, habt Ihr diese Nacht dergleichen oft gesagt und gewiß ordentlich ernsthaft dabei ausgesehen.“* (S. 18)

Über die Person Florios hinaus richtet sich Fortunatos spöttische **Kritik** hier **gegen eine bestimmte romantische Gefühlskultur** und insbesondere Dichtung mit ihrem „Plunder“ von „Melancholie“ und „Mondschein“, den ein „Gebet aus Herzensgrund“ vertreiben könne (S. 19). Fortunatos eigene Verse kommen stets aus einem gläubigen Herzen. Wo ein solches aber fehlt, herrscht für ihn bloße Eitelkeit, die sich in schönen Worten und schwärmerischen Empfindungen selbst bespiegelt – und damit ganz im Banne der Venus steht. Der **fromme Sänger beabsichtigt eine Ernüchterung Florios**, er will ihm – hier wie auch sonst – einen Impuls geben, ihn aber nicht lenken und gängeln; daher auch seine Anspielung auf den „Spielmann“ ganz am Anfang (S. 6), die Einladung in das Landhaus Pietros (S. 26) und seine Zurückhaltung während des Maskenfestes (S. 32 f.). Vor allem aber der indirekte Einfluss auf Florio durch das „alte(s), fromme(s) Lied“ aus Kindheitstagen (S. 38), nicht zuletzt seine verschlüsselten Liedtexte und die allgemein gehaltenen Erklärungen und Ratschläge an die Adresse des jungen Mannes zeigen, dass er aus dem Hintergrund des Geschehens agiert. Eben dies entspricht seinen – christlich geprägten – Vorstellungen von Freiheit und Menschenwürde. Er verachtet den Zwang, der von Venus ausgeht und von dem der totenähnlich blasse Donati gezeichnet ist. Sein Vertrauen setzt er in Florio, dessen Rettung aber nur gelingen kann, wenn er die in ihm schlummernden Kräfte der Selbstbestimmung zu wecken vermag.

2 Thematische Schwerpunkte – romantische Motive

Natur: Landschaften und Tageszeiten

Bei der Interpretation literarischer Texte lohnt es sich oft, neben den Personen auch die Raumdarstellung, **literarische Topografie** genannt, zu berücksichtigen. Ihr kann eine unterschiedlich große Bedeutung zukommen. So sind etwa genau beschriebene Innenräume geeignet, ihre Besitzer zu charakterisieren; andererseits kommt es vor, dass städtische Straßen und Plätze einen von Romanhelden durchschrittenen, ansonsten aber relativ neutralen Raum abgeben – sie sind dann nicht mehr als ein Hintergrund für die eigentliche Handlung.

Über den Schauplatz des *Marmorbildes* würde man keine genauen Angaben machen können, wenn man nicht wüsste, dass die Novelle im oberitalienischen Ort **Lucca** spielt. Dennoch ist die literarische Topografie in diesem Text wie in Werken der Romantik überhaupt ein wichtiges, ja entscheidendes Darstellungsmittel. Sie vermittelt dem Leser **sorgfältig gestaltete Landschaftsbilder**, deren Entschlüsselung ganz wesentlich zum Verständnis des Geschehens beiträgt. Nach einer Definition des Philosophen Joachim Ritter ist Landschaft „Natur, die im Anblick für einen fühlenden und empfindenden Betrachter ästhetisch gegenwärtig ist: Nicht die Felder vor der Stadt, der Strom als ‚Grenze', ‚Handelsweg' und ‚Problem für Brückenbauer', nicht die Gebirge und Steppen der Hirten und Karawanen (oder der Ölsucher) sind als solche schon ‚Landschaft'. Sie werden dies erst, wenn sich ihnen der Mensch ohne praktischen Zweck in ‚freier' genießender Anschauung zuwendet, um als er selbst in der Natur zu sein. Mit seinem Hinausgehen verändert die Natur ihr Gesicht. Was sonst das Genutzte oder als Ödland das Nutzlose ist und was über Jahrhunderte hin ungesehen und unbeachtet blieb oder das feindlich abweisende Fremde war, wird zum Großen, Erhabenen und Schönen: es wird ästhetisch zur Landschaft."[4]

'Landschaft' existiert also nur für Menschen, die sich – z. B. als Touristen – den Luxus eines zweckfreien Aufenthalts in der Natur leisten können; die – z. B. als Bergwanderer – Aussichtspunkte aufsuchen, die den Blick in die Weite eines Panoramas schweifen lassen. Auch Florios „Blick" richtet sich am Ende der Novelle auf ein Landschaftsbild, das die entscheidenden Orte des (inneren) Geschehens noch einmal in Erinnerung ruft:

> *In einer großen Einsamkeit lag da altes, verfallenes Gemäuer umher, schöne, halb in die Erde versunkene Säulen und künstlich gehauene Steine, alles von einer üppig blühenden Wildnis grünverschlungener Ranken, Hecken und hohen Unkrautes überdeckt. Ein Weiher befand sich daneben, über dem sich ein zum Teil zertrümmertes Marmorbild erhob, hell vom Morgen angeglüht.* (S. 43)

Hier sind Zeugnisse einer vergangenen Zeit – das „verfallene(s) Gemäuer", das „zertrümmerte(s) Marmorbild" – von einer „üppig blühenden Wildnis" umgeben und schon durchwachsen; Natur und Kultur gehen ineinander über, jene wird über diese schließlich den Sieg davontragen. Reiseprospekte würden von einer **wildromantischen Landschaft** sprechen, die bei Eichendorff eine Mittelstellung hält zwischen dem Landschaftsbild, mit dem die Erzählung ausklingt und jenen Orten, an denen für Florio die Vergangenheit (der antiken Welt) zur unmittelbaren Gegenwart wird. Ganz am Ende der Novelle sind die Reisenden

> *auf einer luftigen Höhe angelangt, hinter ihnen versank die Stadt Lucca mit ihrem dunklen Türmen in dem schimmernden Duft. (...) Der Morgen schien ihnen, in langen, goldenen Strahlen über die Fläche schießend, gerade entgegen. Die Bäume standen hell angeglüht, unzählige Lerchen sangen schwirrend in der klaren Luft. Und so zogen die Glücklichen fröhlich durch die überglänzten Auen in das blühende Mailand hinunter.* (S. 48)

Caspar David Friedrich, *Der Wanderer über dem Nebelmeer*

Ruft die wildromantische Landschaft Assoziationen an die Vergangenheit wach, so ist das vorliegende Landschaftsbild ganz auf die Zukunft hin ausgerichtet und – abgesehen von der „hinter ihnen" versinkenden Stadt Lucca – frei von geschichtlicher wie auch privater Erinnerung. Die „luftige(n) Höhe" und der „Morgen" mit seinem „tiefblauen Grunde" versprechen einen Neuanfang, der durch weitere optische (die „langen, goldenen Strahlen" der Sonne) und akustische Elemente („unzählige Lerchen sangen …") signalisiert wird. Die Weite und Offenheit dieser

Landschaft („über die Fläche", „durch die überglänzten Auen") spiegelt Florios Gefühl, „wie neugeboren" zu sein, wider. Sie weist aber nicht nur in die Ferne, sondern über sich selbst in ein anderes Reich hinaus, wenn Bianka „wie ein heiteres Engelsbild auf dem tiefblauen Grunde des Morgenhimmels" erscheint (S. 48). Der Himmel gewinnt durch diesen Vergleich eine religiöse Dimension und die Natur wird im christlichen Sinne transzendiert (überschritten) auf ihren Ursprung in der göttlichen Schöpfung hin. Eine solche **freie, transzendierende Landschaft** ist typisch für den katholischen Dichter Eichendorff; sie findet sich immer wieder in seinem lyrischen Werk, dessen Naturgedichte stets auch religiös bestimmt sind, und im *Marmorbild* an mehreren Stellen, so z. B. in den letzten Strophen von Fortunatos Lied (S. 45 f.), aber auch beim Besuch Donatis, als „Wälder und Felder so geschmückt aussahen zu Gottes Ehre, als zögen Engel durch das Himmelsblau über sie hinweg ..." (S. 25)

Wiederholungen und Anklänge im Vokabular („tiefblau", „Himmelsblau", „Engelsbild", „Engel", „Lerche" auf S. 46, „unzählige Lerchen" auf S. 48) erzeugen eine **formelhafte Sprache**, die dem Leser breiten Spielraum gewährt, diese unbestimmten Naturimpressionen mit seiner Fantasie auszugestalten (vgl. *Interpretationshilfe*, S. 75–77).

Im deutlichen **Kontrast** zur typischen Landschaft Eichendorffs stehen die **Szenen am Weiher und im Park** der schönen Frau. Beide Orte sind den Gesetzen von Raum und Zeit enthoben, weswegen sie auch nicht allgemein erreichbar, sondern nur Florio in bestimmten Momenten zugänglich sind. Dass sie einer anderen Welt angehören, wird deutlich an ihrem auffällig künstlichen Erscheinungsbild und an ihrer strengen Abgrenzung von der äußeren Realität. Um das „Venusbild" beschreiben „Schwäne ... still ihre einförmigen Kreise", während der Weiher selbst „von hohen Bäumen rings umgeben" ist (S. 17); ein „Tor von Eisengitter" (S. 20) bzw. ein „vergoldete(s) Gittertor" (S. 23) umschließt den Park, in dem ebenfalls „tiefe Stille“ herrscht (S. 21). Das sich neben den „aufblühenden Sternen“ im „Wasserspiegel“ reflektierende Marmorbild wird vom „Mond… scharf“ beleuchtet – die Szene wirkt **wie eine Theaterkulisse**; ähnlich vermitteln die „große(n), seltene(n) Blumen“, die „goldene(n) Vögel“ und „vergoldeten Kugeln“ der unzähligen „Springbrunnen“ in der Stille des menschenleeren Parks eine **Atmosphäre oberflächlicher Schönheit** und lebloser Stimmigkeit. Fühlt sich Florio in einem Fall „wie eingewurzelt im Schauen“ (S. 17), so überkommt ihn im Lustgarten der Eindruck,

> *als sei das alles lange versunken, und über ihm ginge der Strom der Tage mit leichten, klaren Wellen, und unten läge nur der Garten gebunden und verzaubert und träumte von dem vergangenen Leben.* (S. 21)

Weiher und Gartenlandschaft weisen bei allen Gemeinsamkeiten jedoch deutliche Unterschiede auf. Aufgrund der Metamorphosen (Verwandlungen) des Marmorbildes – Verlebendigung und Erstarrung –, der Kulissenhaftigkeit der Szenerie und nicht zuletzt der nächtlichen Stunde wirkt der Ort am Weiher irreal und bedrückend; als ein „starker Wind“ aufkommt, verwandelt sich die scheinbare Idylle in einen Schauplatz des „Grauen(s), dem Florio nur mit Mühe entkommen kann.“ (S. 17) Über dem Park dagegen, in den er zur Mittagszeit gelangt, liegt ein „Schleier von Schwüle“, die dort herrschende müde, melancholische Stimmung teilt sich selbst den Vögeln mit, die „wie abgewehte Blüten hin und wieder flatterten“ (S. 21). Florio erleidet keine abrupte Desillusionierung wie im anderen Fall, doch trifft er nach dem Gesang der Dame im Garten auf „uralte(n) Bäume“, „verfallenes Mauerwerk“, „zerschlagene(n) Marmorsteine“ (S. 22), schließlich auf den totenähnlich schlafenden Donati. Was sich an dieser Stelle zeigt, ist die verborgene Seite des Parks – Florio eilt immer „weiter in den Garten hinein“ (S. 22) – oder sein wahres Gesicht; denn Florios Eindruck, der

„Garten" sei „verzaubert" und „träumte von dem vergangenen Leben" (S. 21), bewahrheitet sich hier wie auch beim Anblick der wildromantischen Landschaft am Ende der Novelle (S. 43). Weiher und Lustgarten sind **Landschaften des Venuszaubers** – in einem Fall handelt es sich um eine **plötzliche, schockartige Verblendung,** im anderen um eine eher **langsame, melancholische Verzauberung.**

Zusammenfassend lässt sich feststellen, dass den drei entscheidenden Landschaftstypen der Novelle – Weiher, Lustgarten und freie (transzendierende) Landschaft – **drei Tageszeiten** – Nacht, Mittag, Morgen – zugeordnet sind. In allen Fällen handelt es sich um eine geografisch unbestimmte Szenerie, wie auch Lucca selbst mit seinen „Gassen und Plätzen", der „Herberge" (S. 24), den „funkelnden Türmen und Kuppeln" (S. 25) das austauschbare Bild irgendeiner mittelalterlichen Stadt abgibt. Alle diese **Stimmungslandschaften spiegeln das innere Befinden** der Personen, die sich in ihnen bewegen, **wider**. Im *Marmorbild* sind sie ganz in Entsprechung zu Florios wechselhaften psychischen Zuständen gestaltet; so kann er nach seiner Erlösung vom Bann der Venus erstmals eine „prächtig klare Sommernacht" wahrnehmen (S. 41). Auch die abendliche Landschaft hat charakteristische Stimmungswerte, wie der „schöne(n) Sommerabend" am Anfang der Novelle (S. 5) oder eine spätere Stelle zeigt, wo die „lauen Abendlüfte" wehen und die Stadt in „farbigem Duft" liegt (S. 35). Der Abend ist eine Zeit des Übergangs von der lähmenden Schwüle des Mittags zur prächtig klaren oder auch gespenstischen Nacht, er belebt den Menschen und lädt zur Gesellschaft ein (S. 6 ff.). Alle Landschaften Eichendorffs sind ungenau, was ihre beschreibenden Qualitäten betrifft, aber als **Sinnbilder** – für Stimmungen, religiöse Gefühle, psychische Krisen – betrachtet durchaus präzise. Da sie weit mehr als eine bloße Stimmungskulisse ist, verlangt die hieroglyphische (sinnbildhafte) Landschaft nach einer Entschlüsselung durch den Leser.

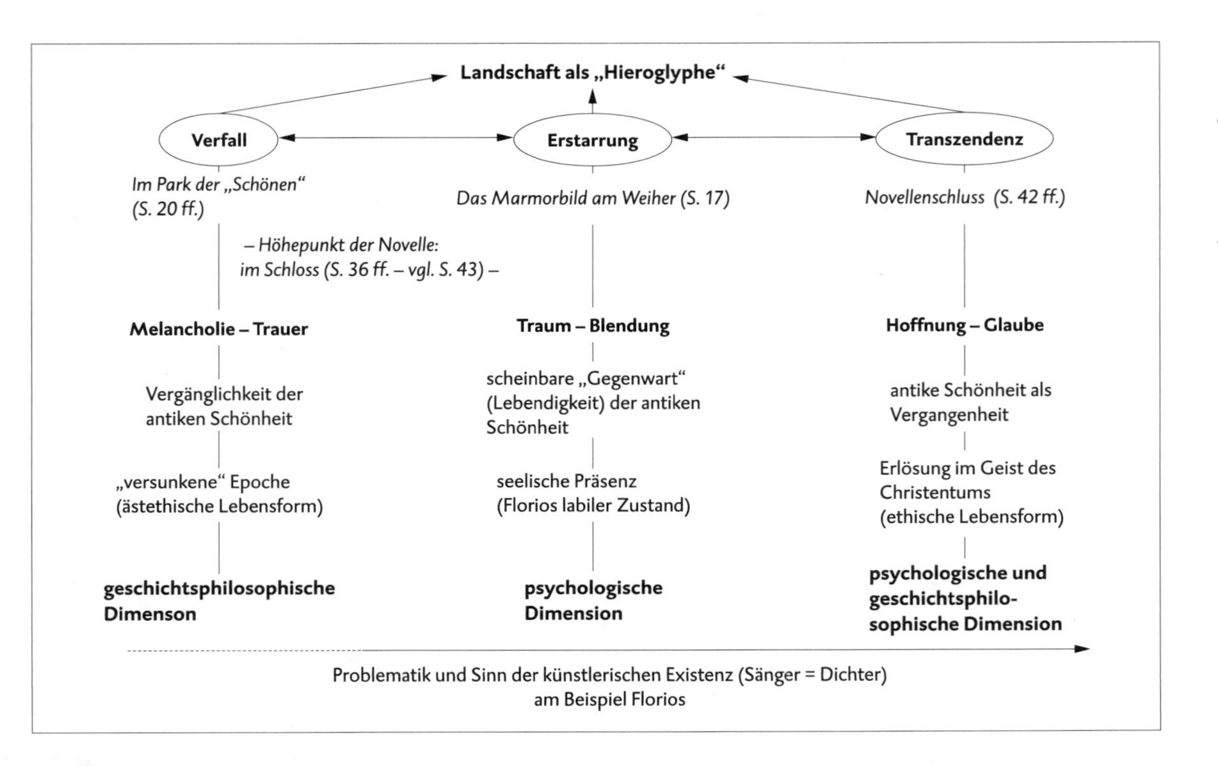
Landschaft als „Hieroglyphe“
Verfall
Erstarrung
Transzendenz
Im Park der „Schönen“ (S. 20 ff.)
Das Marmorbild am Weiher (S. 17)
Novellenschluss (S. 42 ff.)
– Höhepunkt der Novelle: im Schloss (S. 36 ff. – vgl. S. 43) –
Melancholie – Trauer
Traum – Blendung
Hoffnung – Glaube
Vergänglichkeit der antiken Schönheit
scheinbare „Gegenwart“ (Lebendigkeit) der antiken Schönheit
antike Schönheit als Vergangenheit
„versunkene“ Epoche (ästethische Lebensform)
seelische Präsenz (Florios labiler Zustand)
Erlösung im Geist des Christentums (ethische Lebensform)
geschichtsphilosophische Dimenson
psychologische Dimension
psychologische und geschichtsphilosophische Dimension
Problematik und Sinn der künstlerischen Existenz (Sänger = Dichter) am Beispiel Florios

Liebe: Glück und Gefährdung

Unter ‚romantischer Liebe' versteht man umgangssprachlich einen Zustand, in dem Gefühle für eine andere Person absolut gesetzt werden und der Liebende auch bereit ist, dafür Nachteile in Kauf zu nehmen oder gar Verhaltensnormen und gesellschaftliche Konventionen zu verletzen. Diese Definition führt nicht in die Irre, sondern durchaus zur romantischen Literatur hin, in der ‚Liebe' zu einem zentralen Thema, einem epochentypischen Motiv wird.

Zur Zeit Eichendorffs war die Vorstellung, dass zwischengeschlechtliche Beziehungen und insbesondere die Ehe auf unbedingter Liebe zueinander gegründet sein müssen, durchaus noch neu, für konservative Gemüter sogar ‚revolutionär'. Erst das 18. Jahrhundert und vor allem seine Spätphase, die literarische Epoche ‚Sturm und Drang', sehen in der Liebe zwischen Mann und Frau die einzig ‚vernünftige' Basis für echte und dauerhafte Verbindungen. In früheren Zeiten war die aus Standesrücksichten oder ökonomischen Motiven geschlossene Ehe der Normalfall. Liebe wurde eher als Verliebtheit, als flüchtiges Glück aufgefasst, das Männer aus adeligen Kreisen mit ihren Maitressen, bürgerliche Familienväter mit ihren heimlichen Geliebten genießen konnten.

Schon im bedeutendsten Roman des ‚Sturm und Drang', Goethes *Die Leiden des jungen Werthers*[5], entsteht zwischen absoluter, schwärmerischer Liebe und konventioneller Ehe ein unauflösbarer Widerspruch, der für den hoffnungslos verliebten Helden im Selbstmord endet. Einige Jahrzehnte später, in der realistischen Romanliteratur des 19. Jahrhunderts, wird der Ehebruch aus Liebe zu einem zentralen Thema der europäischen Dichtung[6]. Die zwischen ‚Sturm und Drang' und ‚Realismus' angesiedelte Epoche der **Romantik** aber hat die **Idee der absoluten Liebe bis ins Extrem getrieben** und zugleich deren Gefährlichkeit für die Verliebten mit psychologischem Scharfsinn dargestellt. Beziehungen, die allein dem Ideal unbedingter Liebe nacheifern, sind besonders krisenanfällig, fehlen doch sonstige ‚Rückversicherungen', die eine Beständigkeit der Beziehung auch in schlechten Zeiten gewährleisten. Doch die Literatur der Romantik geht noch einen Schritt weiter, wenn sie Liebe in Isolation, Verblendung und Wahnsinn münden lässt, eine die Individuen zerstörende Dynamik als Schattenseite der großen Gefühle in das Blickfeld der schockierten Leser rückt. Ein Paradebeispiel dafür ist E. T. A. Hoffmanns Erzählung *Der Sandmann:* Ihr junger Held, der Student Nathanael, entfremdet sich seiner Verlobten und überträgt seine überspannte Liebessehnsucht auf einen toten Gegenstand – eine Puppe![7]

Die hier skizzierten Zusammenhänge dienen einem besseren Verständnis der Novelle *Das Marmorbild.* Auch das Geschehen um Florio zeigt, dass Liebe Glück und Gefährdung zugleich bedeuten kann. Obwohl die Erzählung glücklich endet und sich in weiteren wesentlichen Punkten vom *Sandmann* unterscheidet, ergeben sich doch deutliche Parallelen zwischen beiden romantischen Texten. Der Puppe, auf die Nathanael sein Ideal weiblicher Schönheit projiziert, sodass sie für ihn lebendig wird, entspricht im Falle Florios das zum Leben erwachte Marmorbild. Auch **Florio** entfremdet sich seiner Umgebung, wirkt oft abwesend und verstört und leidet an Visionen, die aus psychologischer Sicht als **Symptome des Wahnsinns** zu deuten sind. Beginnend mit dem Sirenentraum (S. 15) und endend mit dem Aufenthalt im Inneren des Schlosses (S. 38 ff.), ergibt sich dabei eine kontinuierliche Steigerung des Wahns, vergleichbar einem Krankheitsbild mit wachsender Fieberkurve. Die Realität und damit die Chance, in der Beziehung zu Bianka Genesung zu finden, wird zunehmend zugunsten des falschen Glücks, der schönen Frau möglichst nahe zu sein, verdrängt.

Warum aber ist gerade Florio anfällig für diesen Zauber, während sich Fortunato als völlig immun dagegen erweist? Eichendorffs Antwort auf diese Frage führt in die „frühe(r) Kindheit" seines Helden, eine einsame und von Wunschträumen erfüllte Lebensphase, welche die „alten Bilder" im väterlichen Anwesen mit Fantasie beleben. Dass **Florio sich von der Bilderwelt seiner Kindheit noch nicht gelöst** hat, zeigt seine Charakterisierung als „träumendes Mädchen" zu Beginn der Erzählung (S. 14). Wenn – in genauer Entsprechung dazu – Bianka am Ende als „zierlicher Knabe" erscheint und Florio sie als „Fräulein Bianka" erkennt, so beweist sein klarer Blick, dass er erwachsen geworden ist und sich für eine zwischenmenschliche Beziehung ohne falsche Ideale qualifiziert hat. Diese **Entwicklung** wäre jedoch nicht möglich gewesen ohne einen gewissen Widerstand in seiner Psyche, der ihn im entscheidenden Moment der Venus widerstehen lässt und für Fortunatos Gesang empfänglich macht (S. 39 ff.). Wir können diesen Widerstand psychologisch als sein **Gewissen** verstehen, das im „Diener ... auf der Schwelle" personifiziert ist (S. 15, 18); es bildet die Grenzlinie zwischen Traum und Realität, Wunsch und Wirklichkeit, Triebhaftigkeit und Vernunft.

Eine solche Deutung greift auf Einsichten zurück, die durch die **psychoanalytische Theorie** des Wiener Arztes Sigmund Freud (1856–1939) bekannt geworden ist[8]. Wie für Eichendorff ist auch für Freud die **Kindheit das entscheidende**, alle Weichen für das spätere Erwachsenenleben stellende **Entwicklungsstadium**. Hier bildet sich das Persönlichkeitsmodell heraus, mit dem er das Funktionieren der menschlichen Psyche erklärt. Es besteht aus drei Instanzen – dem ‚Über-Ich' (Gewissen), dem ‚Ich' (Kern der Persönlichkeit, vermittelnde Instanz) und dem ‚Es' (Triebe, Bedürfnisse). Freud nimmt an, dass die Entstehung des ‚Über-Ich' durch Verinnerlichung der väterlichen Gebote und Verbote zustande kommt; gelingt diese Entwicklung zu einer selbstbestimmten Persönlichkeit, so entsteht ein sozial verträgliches Verhalten, das in allen Lebenslagen den richtigen Ausgleich zwischen den Triebansprüchen des ‚Es' (Sexualität) und – vom ‚Über-Ich' repräsentierten – gesellschaftlichen Normen (z. B. Arbeit) findet. Dieser Prozess kann misslingen, wenn entweder (z. B. bei zu strenger Erziehung) das ‚Über-Ich' zu stark wird und ständige Komplexe sowie Ängste hervorruft (depressive, neurotische Zustände); oder wenn – in seltenen Fällen – das ‚Ich' bei unvollständiger Ausbildung des ‚Über-Ich' den Triebansprüchen des ‚Es' hilflos ausgeliefert ist (schizoide Zustände, Psychosen). Weit schwerwiegender ist die zweite Entwicklung, denn sie führt zu auffälligem Fehlverhalten, macht das ‚Ich' untauglich für die Realität und letztlich zum klinischen Fall des Wahnsinnigen. Dass Florio diesem traurigen Schicksal entgeht, verdankt er der Hilfe Fortunatos, der als unauffälliger Begleiter, als eine Art Schutzengel des Helden agiert und ihn schließlich rettet (S. 38 ff.). Zwar ist **Fortunato** nicht Florios Vater, doch kommt ihm – viel mehr noch als dem Diener – im freudschen Persönlichkeitsmodell die **Funktion des ‚Über-Ich'** zu. Seine Stimme ist die ‚Stimme des Gewissens', denn ihre „Gewalt" bewirkt, dass er sich „auf einmal hier so fremd und wie aus sich selber verirrt" vorkommt (S. 40). Sie lenkt seine Gedanken auf die „Kindheit" und damit auf den Ursprung seiner Fantasien zurück, bewirkt eine ‚psychoanalytische Aufarbeitung' seines verwirrten Zustandes und ermöglicht so die Reifung zu einer erwachsenen Persönlichkeit. So gesehen ist es sicherlich kein Zufall, dass der Diener – die andere Personifikation des Gewissens – ihn über Florios nächtlichen Spaziergang informiert (S. 18).

Als Gegenspielerin Fortunatos stellt **Venus** ganz entsprechend das ‚**Es**' mit seinen Triebansprüchen dar; als erotisches Ersatzobjekt, auf das Florio seine Wunschvorstellungen projizieren kann, hält sie ihn in einem kindlich-narzisstischen Entwicklungsstadium fest. Ihre Wirkung ist vergleichbar mit dem Einfluss einschlägiger Idole aus Fernsehen, Film und Musik auf heutige Jugendliche; auch hier werden die Konsumenten vom eigenen Leben abgelenkt und zur Identifikation mit Vorbildern eingeladen, die in der Regel nur Medienprodukte sind und die Sehnsucht ihrer Fans nach Liebe, Freiheit und Abenteuer verkörpern. Was sich hinter solchen Tagträumen verbirgt, offenbaren die nächtlichen Träume, weil im Zustand des Schlafes – nach Freud – die Kontrolle durch das ‚Über-Ich' gelockert ist. Für die Psychoanalyse stellt daher die Traumdeutung eine hervorragende Methode dar, dem ‚Es' auf die Spur zu kommen[9]. Das gilt auch für Florios zentralen Traum: Das „Schiff" steht für das ‚Ich', das vom verlockenden Gesang der „Sirenen" unwiderstehlich angezogen wird, und zugleich den Untergang, d. h. ein Versinken im Wahnsinn, fürchtet. Hier ist das innere Geschehen der Novelle bereits in symbolisch verschlüsselter Form vorweggenommen.

Eine psychologische bzw. psychoanalytische Deutung darf jedoch nicht übersehen, dass **bei Eichendorff der Kern des Gewissens im christlichen Glauben** besteht; anders gesagt: Der Glaube ist die Quelle, aus der das Gewissen seine Kraft bezieht. Schließlich ist es Fortunatos „frommes Lied" (S. 38), das Florios Gewissen anspricht, und er selbst drückt seine Befreiung mit einem gottesfürchtigen Lied aus (S. 47). Hier befindet sich Eichendorff im Gegensatz zu Freud, für den Religion eine neurotisch verstärkte Gewissensangst darstellt, aber in auffälliger Nähe zu dem dänischen Religionsphilosophen Sören Kierkegaard (1813–1855). Dieser unterscheidet drei Stadien der Persönlichkeitsentwicklung: Das ästhetische, das ethische und das Stadium des Glaubens. Das „ästhetische Individuum" lebt ziellos „ins Blaue hinein", voll von „unbestimmten Gedanken" und „lockenden Möglichkeiten"; es ist fremdbestimmt, statisch und kreist narzisstisch, ohne kritische Distanz, um sich selbst. Das „ethische Individuum" dagegen „erkennt" und „durchdringt" sich selbst, begreift sich als unfertig, hat immer ein „Ziel" und strebt zeitlebens nach einem „ideale(n) Selbst“[10]. Aber erst der christliche Glaube an eine höhere Instanz vermittelt nach Kierkegaard eine feste und letzte Orientierung, die von den Vorurteilen der Mitmenschen unabhängig macht und das Individuum zu wahrer Selbstbestimmung befreit.

Religion: Christentum und Antike

Im letzten Abschnitt haben wir mithilfe einer psychologisch bzw. psychoanalytisch ausgerichteten Methode das irreale Geschehen des *Marmorbildes* zu entschlüsseln versucht und in einen präzisen Zusammenhang mit der Hauptfigur Florio gebracht. Dabei sind wir davon ausgegangen, dass es Eichendorff in erster Linie um die Darstellung einer Persönlichkeitsentwicklung geht. Neben der **psychologischen Dimension** hat die Novelle aber eine weitere wichtige, die über den Bereich der personalen Handlung hinaus auf eine höhere Bedeutungsebene zielt. Es handelt sich um eine **geschichtsphilosophische Dimension** des *Marmorbildes.*

Unter Geschichtsphilosophie versteht man – im Unterschied zur neutralen, nacherzählenden Geschichtsschreibung – eine wertende Betrachtung, wobei größere Zeiträume (Epochen) unter bestimmten Gesichtspunkten miteinander verglichen werden und aus ihrer Abfolge oft eine Gesetzmäßigkeit des Geschichtsverlaufs abgeleitet wird. So verfährt z. B. Karl Marx (1818–1883), wenn er als Motor des geschichtlichen Prozesses die in allen Epochen wirksamen Klassenkämpfe ansieht und die Zuspitzung der sozialen Auseinandersetzungen im Kapitalismus in eine Revolution münden lässt, die den utopischen Endzustand des Kommunismus zwangsläufig herbeiführt.

Eichendorffs Geschichtsphilosophie hat mit einer solchen Utopie nichts zu tun, sie ist vielmehr **rückwärts gewandt**. Sein Blick richtet sich auf die Vergangenheit, d. h. die Welt des Mittelalters. Wie die meisten romantischen Autoren glaubt er, hier eine Epoche gefunden zu haben, die von negativen Erscheinungen seiner eigenen Gegenwart noch verschont ist: von der Herrschaft des Geldes, der Anonymität der zwischenmenschlichen Beziehungen, den Folgen der beginnenden Industrialisierung usw. Mit der Festgesellschaft am Beginn der Erzählung präsentiert er dem Leser bereits ein **idealisiertes Bild des Mittelalters**, das gekennzeichnet ist durch Lebensfreude, soziales Miteinander, Naturverbundenheit, Erotik und Poesie. Es versteht sich von selbst, dass diese Vorstellung vom Mittelalter mit der historischen Realität der Epoche wenig zu tun hat. Man könnte hier vielmehr, auch wenn es paradox klingt, von einer rückwärts gewandten **Utopie** sprechen. Was Eichendorff jedoch vor allen Dingen fasziniert, ist der hohe Stellenwert der **christlichen Religion.** Als allgemein gültige Weltanschauung des europäischen Mittelalters umgreift sie die hierarchische Gesellschaftsordnung wie ein einigendes Band und stiftet – im Unterschied zu pluralistischen Gesellschaften mit ihrer Vielzahl von Ideologien – Verständigung auf der Grundlage einer **gemeinsamen Wertebasis** zwischen den Menschen.

Gerade dieses für die gesamte Epoche entscheidende christliche Selbstverständnis wird jedoch im *Marmorbild* durch den „Geist der schönen Heidengöttin“ infrage gestellt:

> *„Aus der erschreckenden Stille des Grabes heißt sie das Andenken an die irdische Lust jeden Frühling immer wieder in die grüne Einsamkeit ihres alten verfallenen Hauses heraufsteigen und durch teuflisches Blendwerk die alte Verführung üben an jungen, sorglosen Gemütern.“* (S. 46)

Selbst der fromme Fortunato scheint an die vorübergehende Macht der Venus zu glauben. Die schöne Göttin repräsentiert die **heidnische Antike,** und diese wirkt als **Kontrastepoche** auch im **christlichen Mittelalter** noch fort – jedoch nur in besonderen Fällen (Florio) und zeitlich begrenzt, da ihre Ausstrahlung an den Frühling – die der jugendlichen Lebensphase entsprechende Jahreszeit – gebunden ist. Im christlichen Glauben gefestigten Menschen kann sie nichts anhaben. Ihnen erscheint sie als ein Stück Vergangenheit („Ruine“), über das die Zeit hinweggegangen ist, und als Zeugnis einer überwundenen Lebensform mit einem naiv-heidnischen Weltbild. Dass **Beschränktheit und Unfreiheit Kennzeichen des antiken Götterglaubens** sind, verdeutlicht Eichendorff an der gerade zitierten Stelle, indem er den Zwang betont, unter dem das Verhalten der Venus steht; diese beklagt in ihren Liedern (S. 22, 29) solche Fremdbestimmtheit, die eine melancholische Stimmung bei ihr hervorruft: „Was weckst du, Frühling, mich von neuem wieder?“ (S. 22)

Caspar David Friedrich, *Die Lebensstufen*

Zwanghaft und fremdbestimmt erscheint auch immer wieder Donati, der zur antiken Venuswelt gehört (u. a. S. 12, 14, 23, 25 f.). Sein gieriger Weingenuss (S. 12) und seine Jagdleidenschaft (S. 25), die auch Venus teilt (S. 35), verweisen auf antike

Gottheiten (Dionysos/Bacchus; Artemis/Diana), die – neben dem Frühling und „Frau Venus“ – auch in Fortunatos erstem Lied vorkommen (S. 10). Als Naturwesen bewegen sich die **Götter der Antike** in einem beschränkten Raum und sind überdies auf bestimmte ‚Zuständigkeitsbereiche‘ festgelegt. Nach ihrer **Überwindung durch das Christentum** aber sind sie in die „Stille des Grabes“ (S. 46), ins „Göttergrab“ verbannt, sodass sie „von unten“ auf die Menschen einwirken (S. 44). Florio kommt es im Lustgarten so vor, als läge dieser „unten“ und sei „gebunden und verzaubert“ (S. 21); daher muss Venus „auferstehen“ (S. 22) und ein „leises Auferstehn“ kündigt sich mit dem Beginn des Frühlings an (S. 44). Selbst die „Sterne“, die im Lied Fortunatos als Symbole christlicher Hoffnung die vergänglichen „Blumen“ des Frühlings hinter sich lassen, werden in der Szene am Weiher zu „leise aus dem Grund aufblühenden Sternen“ (S. 17). Als Requisiten einer Traumkulisse verlieren sie ihre orientierende Kraft und zeugen von der vollständigen Verblendung Florios unter dem Einfluss der Venus.

In genauem Kontrast zur dunklen Region des Göttergrabes stehen die „lichten Räume“ (S. 45), in denen das Christentum beheimatet ist, das „Licht“, das sich schließlich in Florio ausbreitet und die „Schwüle“ seiner Traumgebilde durchbricht (S. 47). Der psychoanalytische Gegensatz von ‚Über-Ich‘ (‚Licht‘) und ‚Es‘ (‚Dunkel‘) kehrt in der Gegenüberstellung der Religionen und Epochen wieder: Der Mensch spürt es „tief in die Brust hinab“, wenn die alten Götter auferstehen (S. 44). In den beiden langen Liedern Fortunatos wird der **geschichtsphilosophische Kontrast zwischen beiden Epochen** besonders deutlich hervorgehoben. Im ersten (S. 10 ff.) wird die heitere Frühlingsstimmung, in der sich die antiken Götter entfalten können, jäh unterbrochen durch die Ankunft des Todesboten, der die schöne Natur zum Verschwinden bringt und den Blick von den „Blumen“ (Antike) zu den „Sternen“ (Christentum) lenkt (S. 12). In seinem zweiten Lied singt Fortunato zunächst von der Trauer der Venus, die sich – dem „Göttergrab" entstiegen – in einer fremden Welt vorfindet, in der „Diana" und „Neptun" keinen Einfluss mehr haben und sie selbst schließlich zu „Stein" wird; dann aber erscheint „auf dem Regenbogen / Ein ander Frauenbild", die Welt durchdringt „himmlisches Erbarmen" beim Anblick des erwachenden „Menschenkind(es)" – woraufhin die „Seele" sich „in die Morgenluft" erheben kann (S. 45 f.). In beiden Liedern **triumphiert das Christentum** über die antike Götterwelt und bewährt seine Kraft als **Erlösungsreligion**, die Eichendorff in seiner eigenen Zeit schwinden sieht. Er will sie daher – mitsamt seiner Vision einer heilen mittelalterlichen Welt – noch einmal in seiner Novelle beschwören.

Interessant an Eichendorffs Darstellung ist, dass er **heidnische Antike und christliches Mittelalter in Frauenfiguren verkörpert**. In Fortunatos Lied wird die **Venus** mit dem in den Himmel entrückten „Frauenbild" der heiligen **Jungfrau Maria** konfrontiert. Auf der Ebene der Novellenhandlung ist **Bianka** die weibliche Gegenfigur zur Venus. Zwischen ihr und Maria, der zentralen Frauenfigur des Katholizismus, wird eine Verbindung dadurch hergestellt, dass Bianka am Ende „wie ein heiteres Engelsbild auf dem tiefblauen Grunde des Morgenhimmels" erscheint (S. 48). Strahlt Venus verführerische Sexualität und oberflächliche Schönheit aus, so wirkt Bianka durch beseelte Schönheit und Anmut. Kritiker Eichendorffs haben den Verdacht angemeldet, dass der katholische Dichter die Sexualität verteufele und ein ‚reines' Frauenbild predige, das auf Triebverzicht und religiöser Stilisierung (Maria) beruhe; auch im Gedicht *Waldgespräch* von 1812 wird die den Mann verlockende Frau von diesem als „Hexe" bezeichnet – viele ähnliche Beispiele ließen sich aufführen. Gewiss ist nicht nur Eichendorffs Frauenbild, sondern seine **Geschichtsphilosophie** insgesamt von einer **gewissen Einseitigkeit**, die auf seinen Katholizismus verweist.

Dies wird deutlich, wenn man **Friedrich Schillers** Gedicht *Die Götter Griechenlands* zum Vergleich heranzieht. Was Eichendorff aus christlicher Sicht begrüßt – das Verschwinden der alten Götter aus der christlichen Welt – wird in Schillers berühmter Elegie sechzehn Strophen lang beklagt:

Ja, sie kehrten heim, und alles Schöne,
Alles Hohe nahmen sie mit fort,
Alle Farben, alle Lebenstöne ...

Der Klassiker Schiller, für den die antike Kultur ein Vorbild ersten Ranges darstellt, begreift die ‚Vertreibung' der Götter durch den einen Gott des Christentums als barbarischen Akt, der eine entseelte, der Wissenschaft preisgegebene Natur zurücklässt:

Einen zu bereichern unter allen,
Mußte diese Götterwelt vergehn ...[11]

Ein halbes Jahrhundert später greift **Heinrich Heine**, der schärfste Kritiker der Romantik, Schillers Klage auf, ersetzt aber den wehmütigen Ton des Klassikers durch eine nüchtern benennende und manchmal ironisch zugespitzte Sprache. „Die Lehre der Kirche", so Heine, „erklärte die alten Götter keineswegs, wie es die Philosophen getan ... für Ausgeburten des Lugs und des Irrtums, sondern sie hielt sie vielmehr für böse Geister, welche, durch den Sieg Christi vom Lichtgipfel ihrer Macht gestürzt, jetzt auf Erden, im Dunkel alter Tempeltrümmer oder Zauberwälder, ihr Wesen trieben und die schwachen Christenmenschen, die sich hierin verirrten, durch ihre verführerischen Teufelskünste, durch Wollust und Schönheit ... zum Abfall verlockten."

Ihre Verteufelung durch die Kirche treibt die alten Götter – für Heine Personifikationen menschlicher Lebensfreude, ungebrochener Lust am Dasein – ins „Exil". Bildhaft gesprochen mussten sie „die Flucht ergreifen und unter allerlei Vermummun-

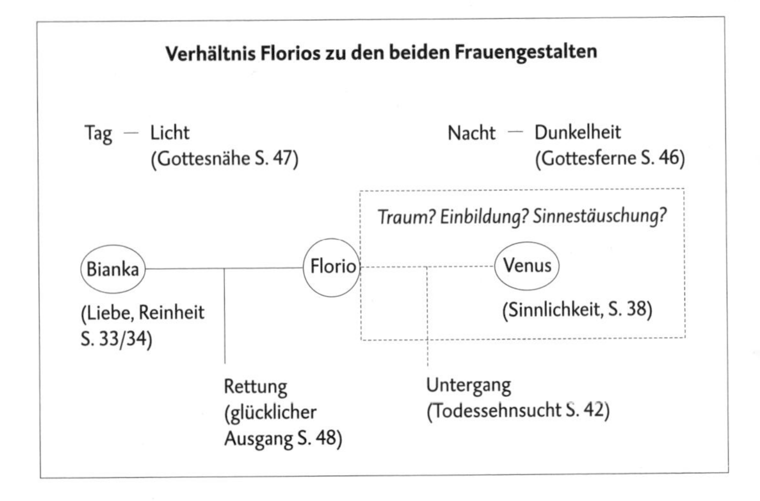

gen in abgelegenen Verstecken ein Unterkommen suchen, als der wahre Herr der Welt sein Kreuzbanner auf die Himmelsburg pflanzte und ... die schwarze Bande der Mönche alle Tempel brach und die verjagten Götter mit Feuer und Fluch verfolgte."[12]

Heine und Eichendorff stimmen darin überein, dass den **antiken Göttern** in der christlichen Welt nur die **Flucht ins „Exil"** oder ins „Grab" bleibt. Zu extrem unterschiedlichen Bewertungen dieses Sachverhalts kommen sie aufgrund eines gegensätzlichen Menschenbildes: Für Heine bedeutet das Christentum – vor allem in seiner organisierten Form als Kirche – eine Unterdrückung der menschlichen Triebnatur und damit eine Verstümmelung des ‚ganzen Menschen'. Für Eichendorff dagegen läutert der Glaube die triebgefährdete menschliche Natur zu einer selbstbestimmten Existenz.

Kunst: Erlösung und Verblendung

Wie die Liebe wird auch die Kunst in der romantischen Literatur zugleich unter positiven und negativen Vorzeichen gesehen. Entscheidend ist dabei ihre Wirkung auf den Betrachter (bildende Kunst), Leser (Literatur) oder Hörer (Musik). In Eichendorffs Novelle üben Venus und Fortunato einen unterschiedlichen, ja gegensätzlichen Einfluss auf die Hauptfigur Florio aus. In Gestalt des Marmorbildes vertritt **Venus** die **bildende Kunst der Antike,** während **Fortunato** – sein Name bedeutet ‚der Beglückte' oder ‚der Gesegnete' – den Typus des **mittelalterlichen Sängers** darstellt. Die betörende Wirkung der Venus ist ein optisches Phänomen und wird entsprechend über die Augen erfahren, die Florio schließlich „geschlossen vor Blendung, Wehmut und Entzücken" hält (S. 17); sie setzt sich dann in Träumen, Fantasien und Visionen fort und zieht so den Betrachter in ihren Bann; begleitend tritt der Gesang der Venus hinzu (S. 22, 29), der die optische Verführung noch verstärkt. Fortunatos Kunst ist dagegen in erster Linie der Gesang, dem seine „frische, klare" Erscheinung entspricht (S. 26). Mit seiner „klaren, fröhlichen Stimme" (S. 44) greift er an entscheidenden Stellen in das Geschehen ein und bewirkt damit das Gegenteil von Stillstand und Verblendung, nämlich Besinnung (S. 32) und Umkehr (S. 38 ff.). Wegen ihrer praktischen Folgen wird die Ausübung von Kunst hier zu einer Handlung und tritt in Beziehung zum aktiven Leben – während das Marmorbild Fantasien hervorruft, die sich zwischen Florio und die Realität schieben. **Fortunatos Poesie** ist jedoch nicht nur **Handlung**, sondern zugleich **Erkenntnis**, denn mit seinen Liedern deutet er das Geschehen der Novelle auf überlegene Weise. Hingegen bietet die antike Göttin alle ihre Künste auf, um den jugendlichen Helden von der Selbsterkenntnis abzuhalten: „Laßt nur das! … ein jeder glaubt, mich schon einmal gesehen zu haben …" (S. 39)

Der sprachliche Ausdruck, Fortunatos Stärke, tritt bei Venus ganz zurück hinter verführerischen Bewegungen (S. 38 f.) und ihrer blendenden Erscheinung (u. a. S. 17, 21); dabei sind es neben der kostbaren Kleidung allgemeine physische Merkmale – das „goldene(s) Haar", die „blendendweißen Achseln" (S. 21) –, die keinen individuellen Eindruck ergeben. Eichendorff stellt **Venus als Urbild (Archetyp) einer schönen Frau** dar, als eine Hohlform sozusagen, die erst noch mit persönlichen Charakterzügen ausgefüllt werden müsste. Daran ändert auch die von ihr ausgehende Stimmung nichts: Ihr einziges Gefühl ist eine konstante Wehmut, die ihr aber keine persönliche Färbung verleiht, sondern sie – im Gegenteil – mit dem Kreislauf der Natur verbindet. Zwar beschreibt der Autor auch Florio, Fortunato und Bianka nicht genau, doch in die Schilderung dieser Figuren gehen neben der äußeren Erscheinung stets Merkmale ihres inneren Wesens ein. Im Vergleich zu der ‚zweidimensionalen' Venus verfügen sie über die entscheidende ‚dritte Dimension' – Fröhlichkeit, Verwirrung, „Demut" oder „klare Seele" (S. 48) –, die erst ihre Individualität ausmacht.

Die unpersönliche Darstellung der Venus ergibt sich in psychologischer Hinsicht daraus, dass es sich um eine **Projektion Florios**, um eine in seiner Fantasie zum Leben erwachte Statue handelt. Als solche ist sie ebenso archetypisch ‚schön', von perfekter Gestalt und zugleich lebloser Kälte wie Marmorplastiken in Museen. Der literarische Stoff der Statuenbelebung findet sich erstmals in den ‚Metamorphosen' des römischen Dichters Ovid (43 v. Chr. – 17/18 n. Chr.) (Vgl. dazu *Interpretationshilfe*, S. 9). Dieses von Schriftstellern verschiedener Epochen immer wieder aufgegriffene Thema gestaltet der katholische Dichter Eichendorff aus christlicher Perspektive: Die **Folgen der Statuenbelebung** sind insbesondere als **Warnung an die Adresse der Künstler** zu verstehen, sich nicht von ihren Kunstwerken ‚besitzen' bzw. ‚gefangen nehmen' zu lassen, d. h. sie sollen nicht

‚blind' überlieferten Regeln nacheifern und ihre Kunst als schönen, aber oberflächlichen Selbstzweck betreiben. Vielmehr ist es nach Eichendorff ihre Aufgabe, sich neuen Aufgaben zu stellen und ihre Tätigkeit einer höheren Idee, eben dem Christentum, dienstbar zu machen. Über Florio heißt es anfangs, dass er sich „zuweilen in der fröhlichen Sangeskunst" versucht habe (S. 5), und er erweist sich vor seiner Begegnung mit dem Marmorbild als Poet (S. 16). Erst nachdem der Venusbann gebrochen ist, kann er jene Kunst wieder ausüben, die jetzt ganz dem Lob Gottes gewidmet ist (S. 47). Der katholische Romantiker Eichendorff übt hier versteckte, aber für seine schreibenden Zeitgenossen leicht erkennbare **Kritik an den ‚heidnischen' Dichtern der Klassik** (Goethe, Schiller, Hölderlin). Diese erhoben Literatur und Kunst der griechisch-römischen Antike in den Rang unerreichbarer Vorbilder, die trotz ihrer überragenden Größe alle späteren Epochen zur Nachahmung anspornen sollten.

Aber auch Eichendorffs eigene Kunstauffassung ist vielfach kritisiert worden: Indem er die **Dichtung** dem christlichen Glauben unterordnet, begreift er sie als Medium bzw. **Instrument zur Vermittlung einer bestimmten Weltanschauung**. Die Gefahr, den Leser durch Belehrung zu gängeln, stellt sich bei allen weltanschaulich festgelegten Autoren ein – neben religiösen sind hier vor allem politische wie der Marxist Bertolt Brecht zu nennen. Der Sänger Fortunato, ‚Stellvertreter' des Autors in der Novelle, hat – bei allen positiven Charakterzügen – für den heutigen Leser vielleicht doch etwas von einem allzu aufrechten und geradlinigen ‚Botschafter des Glaubens'. Es ist kein Zufall, dass er sich vom weiblichen Geschlecht fernhält, wohl um alle seine Energie in die Ausübung seiner christlichen Kunst investieren zu können. Sein ideales „Frauenbild" und seine ‚Muse' ist darum auch die Heilige Jungfrau Maria, die „Wunderbare" (S. 45), wie er sie nennt.

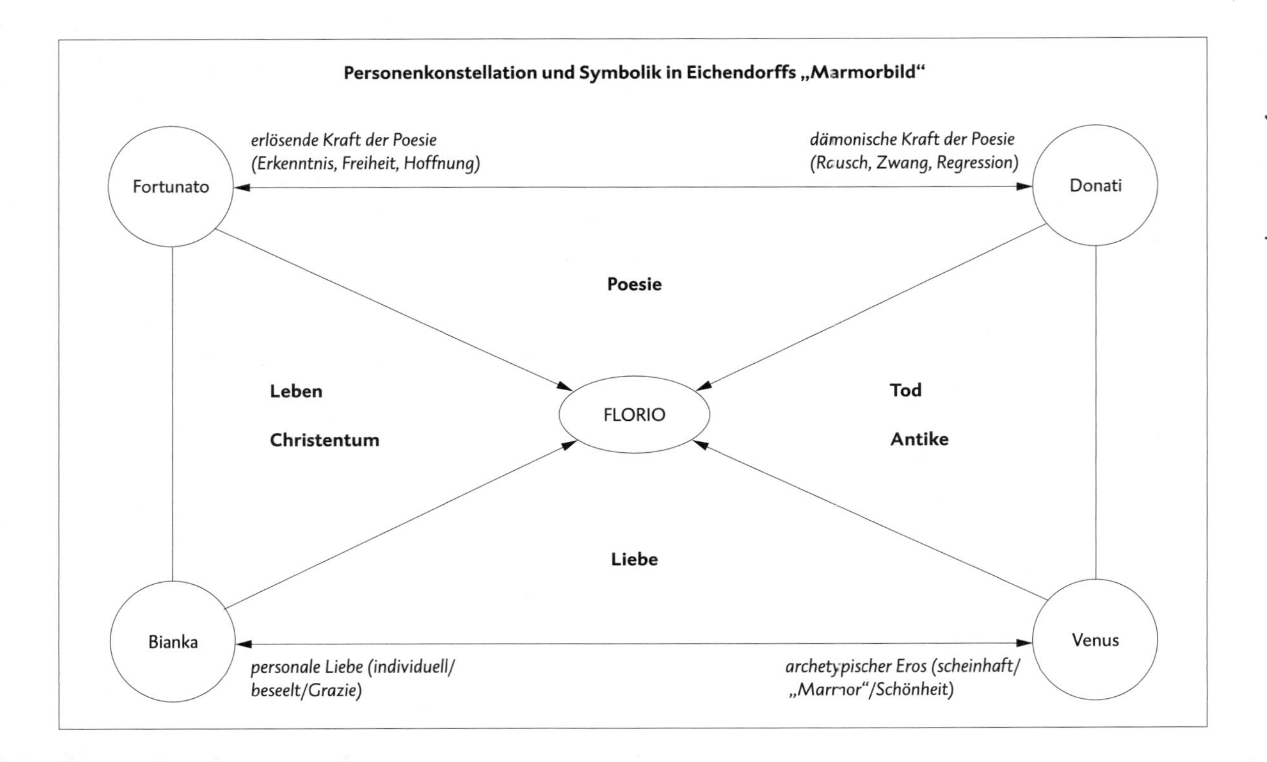
Personenkonstellation und Symbolik in Eichendorffs „Marmorbild“
Fortunato
erlösende Kraft der Poesie
(Erkenntnis, Freiheit, Hoffnung)
dämonische Kraft der Poesie
(Rausch, Zwang, Regression)
Donati
Poesie
Leben
Christentum
FLORIO
Tod
Antike
Liebe
Bianka
personale Liebe (individuell/
beseelt/Grazie)
archetypischer Eros (scheinhaft/
„Marmor“/Schönheit)
Venus

3 Zeitstruktur und Aufbau

Die Novelle hat einen **streng chronologischen Aufbau.** Zwar wird nur an einer Stelle ein Wochentag, nämlich der Sonntag, erwähnt (S. 25), doch kann man anhand weiterer Angaben die Zeitstruktur mühelos ermitteln. Das Geschehen setzt an einem Freitagabend ein („ein schöner Sommerabend"; S. 5–12) und leitet über in die Nacht („Sternenhimmel"; S. 12–18); am „folgenden Morgen" des Samstags (S. 18) sucht Florio nach dem Marmorbild am Weiher (S. 18–20) und gelangt zur Mittagsstunde („Mittagssonne"; S. 20) in den Park der schönen Frau (S. 20–24); Abend und Nacht („Sterne", „Mondesglanz"; S. 24) schließen sich an (S. 24f.); wieder am „folgenden Morgen" (S. 25), also sonntags, erfolgt der Besuch von Donati und Fortunato (S. 25f.); den restlichen Sonntag („den ganzen folgenden Tag"; S. 26) schweift Florio auf der Suche nach der Geliebten durch die Gegend (S. 26) und folgt schließlich der Einladung auf das Fest in Pietros Landhaus, das den Abend und die Nacht einnimmt (S. 26–35). „Mehrere Tage" sind vergangen (S. 35), als er sich „eines Nachmittags" in der Villa Donatis befindet, während „die lauen Abendlüfte" schon einsetzen (S. 35) und Florio das Schloss der Venus aufsucht (S. 35–37). In der „Nacht" (S. 37) spielt sich die Szene im Schlossgemach ab (S. 37–42); nach diesem verstörenden Erlebnis verbringt er „den ganzen Tag und die darauffolgende Nacht" in „unseligem Brüten und Träumen" (S. 42). Die Novelle endet in der „früheste(n) Morgendämmerung" (S. 42) des sich anschließenden Tages.

Trotz einer ungenauen Zeitangabe („Mehrere Tage", S. 35) lässt sich vermuten, dass die an einem Freitagabend einsetzende Handlung etwa bis in die zweite Hälfte der darauf folgenden Woche reicht und damit einen Zeitraum von ungefähr einer Woche umfasst. Zur **Konzentration der Ereignisse** auf eine relativ **kurze Zeitspanne** tritt die **streng kausale Verknüp-**

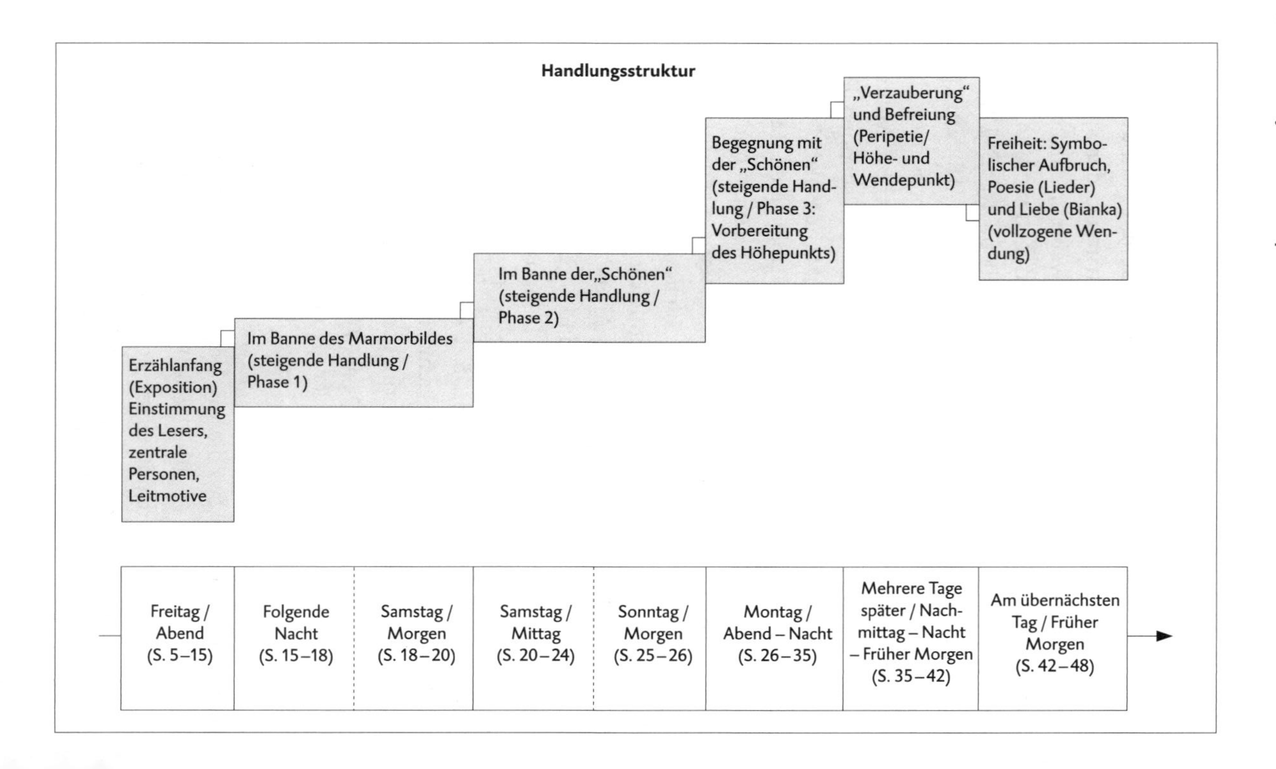
Handlungsstruktur
Erzählanfang (Exposition) Einstimmung des Lesers, zentrale Personen, Leitmotive
Im Banne des Marmorbildes (steigende Handlung / Phase 1)
Im Banne der„Schönen“ (steigende Handlung / Phase 2)
Begegnung mit der „Schönen“ (steigende Handlung / Phase 3: Vorbereitung des Höhepunkts)
„Verzauberung“ und Befreiung (Peripetie/ Höhe- und Wendepunkt)
Freiheit: Symbolischer Aufbruch, Poesie (Lieder) und Liebe (Bianka) (vollzogene Wendung)
Freitag / Abend (S. 5–15)
Folgende Nacht (S. 15–18)
Samstag / Morgen (S. 18–20)
Samstag / Mittag (S. 20–24)
Sonntag / Morgen (S. 25–26)
Montag / Abend – Nacht (S. 26–35)
Mehrere Tage später / Nachmittag – Nacht – Früher Morgen (S. 35–42)
Am übernächsten Tag / Früher Morgen (S. 42–48)

fung der einzelnen Episoden: Beide Merkmale der erzählerischen Darstellung erzeugen den Eindruck einer **dichten Ereigniskette.** Die Begegnung mit Bianka löst Florios Traum aus, dieser bereitet seine Verzauberung durch das Marmorbild vor. Das Erlebnis am Weiher setzt wiederum eine Suche in Gang, die in den Park der schönen Dame führt, welche von nun an seine Gedanken beherrscht und die verwirrenden Eindrücke auf dem Maskenfest hervorruft. Dort kommt es dann zur ersten Begegnung zwischen Florio und der Venus, die ihn in ihr Schloss einlädt, wo zugleich die entscheidende Wendung des Geschehens stattfindet. Damit ist die Voraussetzung für das glückliche Ende der Erzählung gegeben.

Die Komposition des Werks, das nach einer Einleitung bzw. **Exposition** (S. 5–15) über eine ständig **steigende Handlung** (S. 15–38) auf einen **Höhepunkt** zuläuft, der zugleich **Wendepunkt** des Geschehens ist (Florio im Schloss; S. 38–42), legt auf den ersten Blick einen **Vergleich mit dem klassischen Drama** nahe. Dafür spricht zunächst auch eine **überschaubare Anzahl von Figuren** und deren **symmetrische Anordnung um die Hauptfigur** Florio; ebenso die Tatsache, dass Eichendorff die entscheidenden Episoden durch genaue **Darstellung des Schauplatzes** und durch **Dialoge** so gestaltet hat, dass sie als **Szenen** auf dem Theater denkbar erscheinen. In der Tat hat das klassische Drama eine bis zum Höhe- und Wendepunkt (Peripetie) der Novellenhandlung analoge Verlaufsstruktur, doch dann folgt hier eine zur Katastrophe hin abfallende Ereigniskette. Schon deswegen führt die – in Interpretationen zum *Marmorbild* öfter gezogene – Parallele nicht weiter, sondern eher in die Irre.

- In Eichendorffs Erzählung folgt auf die Peripetie alles andere als eine katastrophale Entwicklung; im Gegenteil wird durch Florios Rettung die fatale Ereigniskette abrupt unterbrochen. Mit der räumlichen Entfernung vom Schauplatz des (fast tragischen) Geschehens verbindet sich eine psychische Distanzierung, die einen völligen **Neubeginn** ermöglicht. Im Unterschied zur geschlossenen Form des klassischen Dramas haben wir es hier mit einem **offenen Schluss** zu tun, der durch Biankas leicht skeptische Haltung Florio gegenüber noch unterstrichen wird.

- Steigende Handlung und Peripetie der Erzählung beruhen im Wesentlichen auf **innerem Geschehen**, das mit äußeren Ereignissen ohne klare Abgrenzung verschmilzt. Entscheidende Szenen (Weiher, Schloss) wären auf der Bühne gar nicht vorstellbar – auch eine Verfilmung könnte den Absichten Eichendorffs in keiner Weise gerecht werden.
- Gegenspieler des Helden, wie sie im klassischen Drama auftreten und die tragische Handlung vorantreiben, gibt es im herkömmlichen Sinne im *Marmorbild* nicht. Der **Kontrahent Florios** ist **dieser selbst**, während **Venus / Donati** und **Bianka / Fortunato** begleitende Figuren sind, die man **Entwicklungsstadien** seiner **Persönlichkeit** zuordnen kann.
- Unter Bezug auf den griechischen Philosophen Aristoteles (384–322 v. Chr.) wird der tragischen Handlung des klassischen Dramas im Hinblick auf den Zuschauer eine von Affekten befreiende Wirkung (Katharsis) zugesprochen: Indem er dem – für den Helden bedrohlichen und diesen schließlich vernichtenden – Bühnenvorgang folgt, kann er sich ‚abreagieren', d. h. sich von ‚Mitleid und Furcht', die er während der Aufführung heftig empfinden soll, für eine gewisse Zeitspanne innerlich ‚reinigen'[13]. Im *Marmorbild* ist es **Florio selbst,** der eine **Katharsis** erfährt und so einem tragisch-vernichtenden Schicksal ‚in letzter Minute' entgeht. Eichendorff aber will – wie auch seine distanzierte Erzählweise zeigt (vgl. *Interpretationshilfe*, S. 72 – 75) – nicht die Affekte des Lesers aufrühren und anschließend ‚reinigen', sondern diesen in ansprechender poetischer Form in seinem möglichst konstanten, unerschütterlichen **Gottvertrauen** bestärken.

- Schließlich stünde eine Nachahmung der klassischen Dramenform in striktem Widerspruch zu Eichendorffs **Kritik an der heidnischen Antike und am Antikekult der klassischen Literatur.** Indem der offene Schluss die tragische Verlaufskurve – unter christlichen Vorzeichen – abbricht und überschreitet, entspricht der **Aufbau** der Novelle ihrem **weltanschaulichen Gehalt.**

4 Literarische Form

In einem Brief vom 2. 12. 1817 bezeichnet Eichendorff das *Marmorbild* einerseits als „Märchen“, andererseits als „Novelle“[14]. Damit sind zwei literarische Gattungen angesprochen und es stellt sich die Frage, ob der Text einer von beiden zugeordnet werden kann oder Merkmale sowohl der **Novelle** als auch des **Märchens** aufweist.

Nach einer lexikalischen Definition ist eine **Novelle** in der Regel eine „Prosaerzählung einer neuen unerhörten, im Gegensatz zum **Märchen** aber tatsächlichen oder möglichen Einzelbegebenheit mit einem einzigen Konflikt in gedrängter, geradlinig auf ein Ziel hinführender und in sich geschlossener Form und nahezu objektivem Berichtstil ohne Einmischung des Erzählers, epische Breite und Charakterausmalung des Romans. [...] Die Verwandtschaft zum **Drama** ist größer als die zum Roman. [...] Beide Formen (Novelle und Drama) verlangen geraffte Exposition, konzentriert herausgearbeitete Peripetie und ein Abklingen, das die Zukunft der Personen mehr andeuten als gestalten kann.“[15]

Mit Ausnahme der objektiven Erzählerposition (vgl. *Interpretationshilfe*, S. 72–75) treffen alle hier genannten Gattungsmerkmale auf Eichendorffs Erzählung zu. Der **lineare, konzentrierte Aufbau** entspricht den Anforderungen, wie auch Florios

Verzauberung durch das Marmorbild als **‚unerhörte Begebenheit'** bezeichnet werden kann. Einen „tatsächlichen oder möglichen" Charakter hat dieses Geschehen, wenn man es psychologisch deutet und der Einbildungskraft des Helden zurechnet. Es spricht also vieles dafür, den Text als **Novelle** einzustufen.

Dennoch lassen sich **märchenhafte Züge** des *Marmorbildes* nicht von der Hand weisen. Schon der Anfangssatz („Es war ein schöner Sommerabend ...", S. 5) verweist auf die **märchenhafte Formel** „Es war einmal ...". Auch bleibt die **zeitliche Einordnung der Handlung** ziemlich unbestimmt, nur dass sie sich in der Welt des Mittelalters abspielt, steht fest. Darüber hinaus sind ‚gute' und ‚böse' Eigenschaften eindeutig auf die **zentralen Personen** verteilt. Schließlich werden die psychologisch deutbaren Vorgänge um Florio doch wie tatsächliche Ereignisse erzählt und können daher als Episoden aus einer **verzauberten Märchenwelt** erscheinen.

Alle diese Merkmale eingerechnet, würde die Gattungsbezeichnung ‚Märchen' dennoch eine unzulässige Vereinfachung des Textes bedeuten. Dessen **Vielschichtigkeit**, die im Märchen fehlende **strenge Verknüpfung der Ereignisse**, vor allem aber die **komplizierte Innenwelt Florios** sprechen eindeutig dagegen. Zudem bewegen sich Märchen durchwegs in einem irrealen Geschehensraum, der unwahrscheinliche Erlebnisse – wie die Metamorphose des Marmorbildes – zum Normalfall werden lässt. Eichendorffs Erzählung umfasst dagegen eine **reale und eine irreale Ebene des Geschehens**. Es macht gerade den besonderen Reiz der Erzählung aus, dass diese bruchlos ineinander übergehen können (Florio im ‚Sog' der Venus), sich aber auch ein ernüchternder Kontrast zwischen beiden einstellen kann (Nachlassen des Zaubers, Eingreifen Fortunatos). Dieses In- und Gegeneinander von Traum und Realität erzeugt bei der Lektüre eine Verunsicherung, die ganz und gar nicht märchenhaft, sondern eher modern anmutet. Die in den Liedern Fortunatos und am Ende des *Marmorbildes* gegebenen Deutungen lösen das Spiel mit dem Leser nicht auf, sie geben keine Antwort auf die Frage, was sich tatsächlich ereignet hat.

Die in die Handlung eingefügten **Lieder** sind ebenfalls keine märchenhaften Elemente. Es handelt sich bei ihnen nicht um dekorative Einlagen, die in einfacher lyrischer Form auch in Märchen vorkommen können. Vielmehr sind sie mit den vortragenden Personen, der jeweiligen Situation und dem Geschehen auf kunstvolle Weise verbunden. Die Erzählung enthält insgesamt acht Liedtexte: Drei davon werden Florio (S. 9, 16, 47), drei Fortunato (S. 10, 32, 44) und zwei der Venus (S. 22, 29) zugeordnet; die Liedstrophe des Gärtners (S. 42) kann in diesem Zusammenhang vernachlässigt werden.

Wie schon aufgezeigt (vgl. *Interpretationshilfe*, S. 55 f.), sind Fortunatos Lieder von besonderem Gewicht. Florios Gesänge drücken seine jeweilige Situation aus und markieren Stationen seiner Entwicklung: Der erste lyrische Versuch beschränkt sich – der für Florio ungewohnten Situation entsprechend – auf eine Strophe mit formelhaften Aussagen, einem schleppenden, trochäischen Metrum, schwerfälligen Paarreimen und einem aufgesetzt wirkendem Vergleich (S. 9, vgl. Vers 5 f.). Wesentlich ‚professioneller' wirkt schon das sechsstrophige Lied, in dem die Stille „nächt'ger Stunde" mit Erinnerungen an „des Tages Glanz und Lust" durchsetzt ist und solch widersprüchliche Stimmungen den Sänger „in der tiefsten Brust" bewegen. Der vielschichtige Ausdruck und die bewegte lyrische Form – lebhaftes jambisches Metrum mit alternierend männlichen und weiblichen Kadenzen – vereinigen sich zu einem liedhaften Gedicht, das den unverwechselbaren Ton Eichendorff'scher Lyrik aufweist. Handelt es sich hier um Natur- und zugleich Liebeslyrik, so am Ende der Erzählung um ein religiöses Lied, in dem das lyrische Ich Gott anruft („Herr!", „O Vater") und sich ihm ganz öffnet. Dem Gefühl Florios, „wie neugeboren" zu sein (S. 47), entspricht die dynamische Form des Textes: abwechselnd vier- und dreihebige Jamben, Enjambements und eine antithetische Gestaltung („Schwüle" – „Kühle") unterstreichen die drängende Bewegung des Sängers auf Gott und seine Erlösung vom ‚Fluch der Venus' hin.

Die beiden Lieder der Venus dagegen kennen nur eine Stimmungslage: Das Gefühl tiefer Wehmut und schmerzlicher Vergänglichkeit kennzeichnen ihre ‚tragische' Situation als Gefangene des Naturkreislaufs. Ihre vergebliche Sehnsucht nach dem Leben findet nur im Genuss der eigenen Schönheit einen gewissen Trost. Diese Schönheit spiegelt auch die perfekte Komposition ihrer Lieder wider. Das gilt in besonderem Maße für den ersten, in Form eines Sonetts (zwei Quartette und zwei Terzette, letztere mit strophenübergreifendem Endreim) gehaltenen (S. 22) lyrischen Text. Fünfhebige jambische Langzeilen und Verschachtelungen im Satzbau sorgen zusätzlich für eine komplexe Struktur, in der sich die erlesenen Bilder und Vergleiche mit traumwandlerischer Genauigkeit über mehrere Verse hinweg entfalten (vgl. 3./4. Strophe: „Die Rose ... So mich auch ..."). In der raffinierten Nachahmung vorgegebener Muster wirkt das Lied stilisiert und ist ganz und gar dem schönen Schein verpflichtet. Mit einem Begriff aus der Kunstgeschichte könnte man diese angespannte Perfektion als ‚manieristisch' bezeichnen.

Mit etwa 8 von 48 Seiten nehmen die Lieder immerhin etwa siebzehn Prozent des Umfangs der Erzählung ein. Diese bemerkenswerte Relation erklärt sich nicht zuletzt aus der Tatsache, dass ‚Kunst' bzw. ‚Künstlertum' als zentrales romantisches Motiv zu den thematischen Schwerpunkten des *Marmorbildes* gehört (vgl. *Interpretationshilfe*, S. 59 – 61). Auch in dieser **thematischen Hinsicht** – nicht nur in Bezug auf **Figuren, Situationen** und **Handlung** – sind die Lieder in den Erzähltext eingebunden.

Im Hinblick auf die Gattungsbestimmung ergeben sich nun verschiedene Möglichkeiten: Die einfachste Lösung besteht darin, von einer **Erzählung** zu sprechen, da das *Marmorbild* als epischer Text schon vom Umfang her zwischen Roman und Kurzprosa anzusiedeln ist. Die wesentlich präzisere Bezeichnung **psychologische Novelle** wäre auf dem Hintergrund unserer Interpretation plausibel. Dem besonderen Gewicht der Lieder (siehe oben) würde die Einstufung als **lyrische Novelle** Rechnung tragen. Schließlich sollte man – bei aller Zurückhaltung – die märchenhaften Züge, die bei oberflächlicher Lektüre in den Vordergrund treten, nicht ganz vernachlässigen. Als mit Vorsicht zu verwendendes Etikett sollte ein Gattungsname aber nicht zu unübersichtlich werden. Daher bietet sich die Gattungsbezeichnung ‚**Novelle mit märchenhaften Zügen**' an.

5 Erzählweise und Sprache

Bereits den Anfang der Novelle prägen Eigenschaften der sprachlichen Darstellung und der Erzählweise, die typisch für den gesamten Text sind.

> *Es war ein schöner Sommerabend, als Florio, ein junger Edelmann, langsam auf die Tore von Lucca zuritt, sich erfreuend an dem feinen Dufte, der über der wunderschönen Landschaft und den Türmen und Dächern der Stadt vor ihm zitterte, sowie an den bunten Zügen zierlicher Damen und Herren, welche sich zu beiden Seiten der Straße unter den hohen Kastanienalleen fröhlich schwärmend ergingen.* (S. 5)

Den zitierten ersten Erzählabschnitt füllt ein einziger Satz aus, der trotz seiner komplexen Fügung – auf den kurzen einleitenden Hauptsatz folgen abhängige Nebensätze ersten, zweiten und dritten Grades – der klaren grammatischen Strukturierung wegen doch gut überschaubar bleibt. Im Unterschied zur parataktischen Reihung von Haupt- und Nebensätzen hat diese **hypotaktische Konstruktion** etwas Schwebendes, Leichtes, das durch die Präsenspartizipien („sich erfreuend“, „schwärmend“) noch unterstrichen wird. Eichendorffs Vorliebe für diese grammatische Form zeigt sich schon in der Exposition der Novelle, wo sie die beschwingte Stimmung der Festgesellschaft zum Ausdruck bringt (u. a. „glänzende Wiese“, „lachend und plaudernd“, S. 6 f.). Auch **unbestimmte, sich wiederholende oder variierte Adjektive und Adverbien** mit zumeist positiver Semantik (Bedeutung) („schöner Sommerabend“, „wunderschöne(n) Landschaft“, „bunte(n) Züge“, „zierlich(er)“, „fröhlich“) fallen auf und erzeugen eine Atmosphäre, die den Leser spontan für das Geschehen einnimmt. Der Erzähler bleibt hier im Hintergrund, erweist sich aber als wohl informiert über Florios Innenleben („sich erfreuend“) und teilt die Perspektive des Helden auf das vor ihm liegende Stadtpanorama.

Die im *Marmorbild* – bis auf wenige Ausnahmen – vorliegende **Erzählhaltung** ist die **auktoriale**. Es handelt sich dabei um eine typische Position des Erzählers in epischen Texten, die von zwei anderen Erzählweisen – der **Ich-Erzählung** und dem **personalen Erzählen** – abgegrenzt werden kann. Von einer Ich-Erzählung erwarten wir nichts anderes als die Darstellung der Ereignisse aus der subjektiven Sicht einer Person, die Teil der dargestellten Wirklichkeit ist und deren Gedanken sowie Gefühle uns direkt vermittelt werden; das Erzählte wird hier als tatsächlich erlebt ausgegeben. Auktoriales (oder olympisches) Erzählen dagegen ist an eine objektive Erzählerinstanz gebunden, die über den Personen und Begebenheiten steht, über alles – auch das Innenleben der Personen – bestens informiert ist, sich nach Belieben in Raum und Zeit der Erzählung bewegt, Perspektiven wechseln und – ergänzende, ironische oder sonstige – Kommentare abgeben kann. Zwischen diesen beiden Erzählhaltungen kann man den personalen Erzähler ansiedeln: Mit dem auktorialen teilt er die Er-Form und damit die größere Objektivität, mit dem Ich-Erzähler die Möglichkeit zu einer subjektiven Darstellung des Geschehens aus der Sicht einer oder mehrerer Figuren. In deren Horizont bewegt sich der Erzähler, er kann also nicht besser informiert sein als jene.[16]

Nach allem, was bisher über die Novelle ausgeführt wurde, versteht es sich von selbst, dass Eichendorff einen Erzähler wählt, der Distanz gegenüber seinem verträumten, ‚unzuverlässigen' Helden wahren kann; Florio als Ich-Erzähler würde den Leser in das Labyrinth seiner Fantasie führen, die Ebene der Realität und die für das Werk wesentliche Spannung zwischen Illusion und Wirklichkeit aber ginge (im Laufe der Geschichte mehr und mehr) verloren. Die auktoriale Erzählhaltung gibt dem weltanschaulich engagierten Dichter die Möglichkeit, das **Geschehen zu kommentieren**; davon macht er in der Regel einen zurückhaltenden Gebrauch, am Ende der Novelle aber sind seine wertenden Eingriffe nicht mehr zu übersehen:

> *Es kommt nach allen heftigen Gemütsbewegungen, die unser ganzes Wesen durchschüttern, eine stillklare Heiterkeit über die Seele, gleichwie die Felder nach einem Gewitter frischer und grüner aufatmen. So fühlte sich auch Florio nun innerlichst erquickt ...* (S. 47)

Über Bianka heißt es:

> *Die Arme war mitten in ihren sorglosen Kinderspielen von der Gewalt der ersten Liebe überrascht worden. Und als dann der heißgeliebte Florio, den dunklen Mächten folgend, so fremd wurde und sich immer weiter von ihr entfernte, bis sie ihn endlich ganz verloren geben mußte, da versank sie in eine tiefe Schwermut, deren Geheimnis sie niemand anzuvertrauen wagte. Der kluge Pietro wußte es aber wohl und hatte beschlossen, seine Nichte weit fortzuführen ...* (S. 47 f.)

Hier häufen sich Wertungen, die ein womöglich um seine Botschaft besorgter Dichter den auktorialen Erzähler aussprechen lässt. Der Naturvergleich im ersten Beispiel qualifiziert

Florios inneren Zustand, der in seinem Lied deutlich zum Ausdruck kam, nochmals im Rückblick auf die von ihm durchlittene Krise. Im zweiten Auszug erscheint Bianka unmissverständlich als die „Arme“, Florio folgt „dunkeln Mächten“ und der „kluge Pietro“ weiß Rat für seine Nichte. Solche Stellen sind aber, wie gesagt, die Ausnahme. Die chronologisch-lineare Handlungsführung der Novelle mit einem Erzählstrang und einer zentralen Hauptfigur lässt in der Regel eine Abschweifung des **Erzählers** nicht zu – weder in breit angelegte Kommentare, noch in Raum und Zeit (vgl. *Interpretationshilfe*, S. 63–65). So erklärt es sich, dass er zumeist **im Hintergrund des Geschehens** bleibt und als stiller Beobachter die Ereignisse an den Leser weiter vermittelt. Stets folgt er der Entwicklung des Helden, dessen Perspektive er sich – wie im ersten Absatz der Novelle – im Stil personalen Erzählens annähern kann. Auch wenn durch genaue Beschreibung der Schauplätze (Weiher, Lustgarten, Schloss, usw.) und Verwendung der direkten Rede (u. a. S. 33 f., 46 f.) aus dem Erzählfluss **plastische Szenen** hervortreten **(szenisches Erzählen)**, zieht sich der auktoriale Erzähler auf eine Position zurück, die mit der eines Theaterbesuchers im dunklen Zuschauerraum vergleichbar ist. Dasselbe gilt für die Lieder, in denen sich die Figuren ohne erzählerischen Eingriff direkt aussprechen.

Dass bei aller Zurückhaltung die auktoriale Position dennoch gewahrt bleibt, zeigt ein Detail wie die Verwendung des **Konjunktivs** an entscheidenden Stellen: Das Marmorbild, so heißt es, „stand auf seinem Steine …, als wäre die Göttin … aufgetaucht“; Florio „schien es“ dann, „als schlüge es“ die Augen auf (S. 17). Dieser Gebrauch des Konjunktivs, durch den der Erzähler Florios Beobachtungen als Verblendung kennzeichnet, findet sich an anderen ähnlichen Stellen (Park und Schloss; u. a. S. 21 f., 41) ebenfalls. Eine Distanzierung zwischen Erzähler und Hauptfigur zeigt auch die Formulierung „schien es ihm“, die hier mehrfach in dieser oder ähnlicher Form („ihm kam … vor“,

„schienen ... dreinzulangen“) wie auch in anderen Teilen der Novelle (u. a. S. 20, 28) auftritt.

Weitere zentrale Merkmale der sprachlichen Darstellung sollen nun in systematisch geordneter Form aufgeführt werden:

- Ein erheblicher Teil des Vokabulars der Novelle lässt sich zu **Wortfeldern** ordnen; d. h. bestimmte **Substantive, Adjektive** oder **Adverbien** kommen in **identischer** oder **variierter Form häufig** vor. Bei den Substantiven handelt es sich vor allem um Begriffe aus dem Elementarbereich des Wassers wie ‚Wellen‘ (u. a. S. 9, 17), ‚Meer‘ (u. a. S. 15 f.), ‚Strom‘ (u. a. S. 12, 15 f.); außerdem um die Substantive ‚Lust‘ (u. a. S. 6, 24), ‚Luft‘ (u. a. S. 6 f., 22) und ‚Duft‘ (u. a. S. 5, 20), die typischen Verbindungen mit – den für Eichendorff charakteristischen – stimmungserregenden Adjektiven (z. B. ‚unermesslich‘, ‚heiter‘, ‚still‘, ‚lau‘, ‚fein‘) eingehen können. Die **Adjektive** haben oft eine **ausschmückende Funktion** und treten daher als **Epitheta** (Epitheton: schmückendes Beiwort) auf; zu nennen sind vor allem ‚schön‘ (u. a. S. 5 f.), ‚lieblich‘ (u. a. S. 6, 11), ‚wunderbar‘ (u. a. S. 6, 11), ‚anmutig‘ (u. a. S. 5 f.), ‚zierlich‘ (u. a. S. 5, 7), ‚prächtig‘ (u. a. S. 20 f.); außerdem ‚unermesslich‘ (u. a. S. 5, 12), ‚träumerisch‘ (u. a. S. 6, 17) und ‚zauberisch‘ (u. a. S. 12, 28). Die Liste ließe sich noch weiter fortsetzen.
- Wie in seiner Lyrik verwendet Eichendorff im *Marmorbild* **Synästhesien**. Dieses Stilmittel verbindet Sinneseindrücke aus unterschiedlichen Bereichen und trägt so zu der atmosphärischen Dichte bei, die schon die Eingangsszene der Novelle kennzeichnet. Dort ist vom „feinen Duft, der über der wunderschönen Landschaft ... zitterte“ (S. 5) und von der „Ballspielerin, die ... in die Klänge vor sich hinaussah“ (S. 7) die Rede; auch der „schimmernde(n) Duft“ über der Stadt (S. 48) oder der „farbige(n) Duft“ (S. 35) sind solche Synästhesien.

- Von vergleichbarer poetischer Qualität, weil über alltagssprachliche Zuordnungen hinaus gehend sind **widersprüchliche Aussagen** wie: „Florio erschrak … vor Freude" (S. 25), „sie sang so wunderbar, traurig" (S. 15), „Und schmerzlich muß ich … lächeln" (S. 22). Sie lenken die Aufmerksamkeit des Lesers auf Unstimmigkeiten in der inneren Situation der Figuren, die für die psychologische und geschichtsphilosophische Dimension der Novelle (vgl. *Interpretationshilfe*, S. 47–58) entscheidend sein können.
- Zu den oben erwähnten Wiederholungen und Variationen von Begriffen kommen wiederholte **Verbindungen häufiger Substantive und Adjektive** (z. B. ‚Bild' mit ‚Venus', ‚Marmor', ‚wunderbar' und ‚schön' zu: „Venusbild", S. 22, „marmornes Venusbild", S. 17, „wunderbare Schöne", S. 32). An den Elementarbereichen ‚Luft' und ‚Wasser' kann man zeigen, dass sie – je nach Kombination mit anderen Begriffen – unterschiedliche Bedeutungen annehmen und verschiedene Stimmungswerte vermitteln können. Zu der für Eichendorffs ‚freie Landschaft' typischen „Morgenluft" (u. a. S. 44, 46) bilden die „buhlerische(n) … Lüfte" im Lied der Venus (S. 22) einen deutlichen Kontrast, während die „luftigen Säulen" des Venustempels darauf hindeuten könnten, dass es sich hier um ein Fantasiegebilde handelt. Noch vielseitiger sind die aus dem **Wortfeld ‚Wasser'** abgeleiteten Variationen und Kombinationen. Wie in Eichendorffs Lyrik symbolisiert dieser Elementarbereich Verlockung (Florios Traum vom „mondbeglänzten Meer" und den „Sirenen", S. 15; „in blühende Träume versunken", S. 22) und Gefährdung („als müsse er … untergehen", S. 15; „als sei dies alles versunken und über ihm ginge der Strom der Tage", S. 21). Verlockung, Verzauberung und Gefährdung sind mit dem Venusbereich verbunden und daher erotischer Art. Dies wird zum ersten Mal deutlich, als sich das Bild Biankas zur traumhaften Vision

der „Sirenen" vervielfältigt (S. 15), die als gefährliche weibliche Wasserwesen an beiden Bereichen teilhaben. Ihr schöner Gesang – er wird in Homers Epos *Odyssee* dem Helden fast zum Verhängnis – steht wiederum in genauem Kontrast zu den Liedern Fortunatos. Ebenso verkörpert Bianka, die – wie die Jungfrau Maria auf dem „Regenbogen" (S. 45) – dem luftigen „Morgenhimmel" zugeordnet wird, auch in dieser Hinsicht das weibliche Gegenbild zur versunkenen Welt der Venus.

- Zusammenfassend lässt sich sagen, dass Eichendorff mit **seinem begrenzten und redundanten** (auf Wiederholungen hin angelegten) **Vokabular**, indem er es virtuos handhabt, eine eindrucksvolle, ja **unverwechselbare poetische Wirkung** erzielt. Was sich bei der Interpretation seiner Landschaften schon zeigte (vgl. *Interpretationshilfe*, S. 40–46), bestätigt sich auch hier: Es kommt ihm grundsätzlich nicht auf eine genaue, realistische Beschreibung von Personen, Gefühlen und Schauplätzen an. Mit seiner **sprachlichen Technik der Wiederholungen, Variationen und Kombinationen** erzeugt er innerhalb des Textes ein **vielschichtiges System von Verweisen,** das – über die lineare Abfolge des Geschehens hinaus – schon den Blick des Lesers auf die verschiedenen Bedeutungsdimensionen der Novelle (vgl. *Interpretationshilfe*, S. 40–62) lenkt. Eichendorffs raffiniertes ‚Spiel' mit den Möglichkeiten der Sprache, die im alltäglichen Gebrauch meistens nur ein bloßer Bedeutungsträger ist, bringt eine **Musikalität des sprachlichen Materials** hervor, welche den Leser auch ohne aufwendige Interpretationen zu faszinieren vermag. Bemerkenswert bleibt dabei, dass der Dichter seine Warnung vor der Verführungskraft der schönen Göttin in einer selbst verführerischen, schönen und zauberhaften Sprache zum Ausdruck bringt.

6 Interpretation einer Schlüsselstelle

Seite 25, Zeile 5 bis Seite 26, Zeile 19

Obgleich nicht zu den zentralen Venus-Szenen gehörend, eignet sich der Textauszug besonders gut für eine Interpretationsübung; auch lassen sich von hier aus wesentliche Aspekte der Novelle erschließen. Die gewählte Stelle befindet sich etwa in der Mitte des Werks und zeigt uns Florio in einer Situation der Unentschlossenheit, des Schwankens zwischen zwei Entscheidungsmöglichkeiten. Die Konstellation der Personen verweist auf jene frühere Szene, in der er „wie ein träumendes Mädchen" (S. 24) zwischen Fortunato und Donati nach Lucca reitet.

Der Textauszug lässt sich in **drei Teile** gliedern: Donatis Besuch, Fortunatos Besuch und Florios Kirchgang. Die ersten beiden stehen im Mittelpunkt und sind szenisch gestaltet, d. h. die Figuren werden durch äußere Merkmale und direkte Rede, aber auch – vor allem im Falle Donatis – durch Mimik und Gestik charakterisiert. Den Erzählrahmen geben ein einheitlicher Schauplatz (Florios Zimmer in der Herberge) und eine zusammenhängende Zeiteinheit ab.

An **Donati** wird hervorgehoben, dass er „schwarz gekleidet" ist sowie „verstört, hastig und beinah wild" aussieht. Dieser negative Eindruck steigert sich zu einem „ingrimmigen, abscheulichen Lachen", mit dem er auf Florios Erwähnung des heiligen Sonntags reagiert. Doch dessen emotionale Schilderung der sonntäglichen Natur und insbesondere die religiösen Verweise darin („Gottes Ehre", „Engel", „gnadenreich") bewirken bei Donati einen Stimmungsumschwung („daß er heimlich schauderte"), der – nach dem einsetzenden „Glockenklang" – in einem hektischen, verstörten Verhalten zum Ausdruck kommt: Er bittet nun Florio „ängstlich ... ihn zu begleiten" und scheint es nach dessen Weigerung am Ort nicht mehr auszuhalten; nur ein kurzer Ausruf, wie zu sich selbst gesprochen („Fort, hinaus!"), gelingt Donati noch, dann „stürzt(e)" er „aus dem Hause fort".

Mit dem **Eintreffen Fortunatos** schlägt die zuvor bedrückende, düstere Stimmung – plötzlich und unvermittelt – in ihr Gegenteil um; durch eine denkbar scharfe Zäsur sind die beiden Erzählabschnitte voneinander abgehoben. Der „frische, klare Sänger" wird als ein „Bote des Friedens" eingeführt. Auch er, der „lustig" ein längeres Gespräch mit Florio ablehnt, „entfernte sich bald", doch steht er – im Unterschied zu Donati – nicht unter einem dunklen Zwang, sondern scheint den schönen Sonntagmorgen einem Aufenthalt in geschlossenen Räumen vorzuziehen.

Wie sich zeigt, sind die **Auftritte Fortunatos und Donatis** in mehrfacher Hinsicht **antithetisch** (gegensätzlich) gestaltet. Sie weisen aber auch Entsprechungen auf, sodass sich eine **Symmetrie** zwischen ihnen ergibt. Beide Besucher sprechen eine Einladung aus: Donati zur „Jagd", Fortunato zu „Einem Landhaus vor der Stadt". Im zweiten Fall heißt es: „Florio erschrak ordentlich" und beim Eintreten Donatis: „Florio erschrak ordentlich vor Freude". In beiden Fällen ist eine Erwartung Florios im Spiel, nämlich die schöne Lautenspielerin aus dem Park wiederzusehen. Sie wird durch Donatis Auskunft enttäuscht, während Fortunato, wohl um Florios Spannung zu steigern, keine Antwort gibt. An dieser Stelle fällt auf, dass Florio „hastig" fragt und damit ein Verhalten zeigt, das an Donatis Benehmen im ersten Textabschnitt erinnert.

Im Vergleich zu Donati und Fortunato erscheint **Florio** weniger als aktiv Handelnder, vielmehr **als Beobachter und Reagierender**. Aus seiner Perspektive lässt uns der auktoriale Erzähler die beiden Besucher wahrnehmen, deren gegensätzliche Charakter- und Verhaltensmerkmale entsprechende Reaktionen (Erschrecken, Verwunderung, Erstaunen – heimatliche und friedliche Gefühle) hervorrufen. Beim Eintreten Donatis erschrickt er

„vor Freude“, weil er in dem düsteren Ritter eine Verbindung zur „schönen Frau“ sieht. Florios Gefühle für diese sind hier schon so stark, dass sein durchaus nachvollziehbares Erschrecken sogleich in freudige Erregung umschlägt. Der Venuszauber setzt sich fort, als er bei Fortunatos Andeutung auf die „alte Bekannte“ sogleich die „schöne Sängerin“ aus dem Park assoziiert, die seine Gedanken auch in der Kirche und auf dem anschließenden Spaziergang beherrscht. Die Hoffnung, ihr ausgerechnet in der Kirche zu begegnen, zeigt allerdings, dass er sie völlig falsch einschätzt und einem Trugbild nachläuft. Bei allem Ernst der Situation rückt die Hauptfigur der Novelle aufgrund ihrer hilflosen Verblendung hier in eine leicht ironische Perspektive, die auf die Distanz des auktorialen Erzählers zu seinem Helden verweist.

Andererseits ist **Florio** aber **in der Lage, sich dem Einfluss Donatis zu entziehen**. Er lehnt nicht nur dessen Einladung zur „Jagd“ – einer ‚heidnischen‘ Leidenschaft – gleich zweimal ab, sondern vertreibt ihn geradezu – freilich ohne es zu wollen – mit seiner christlichen Naturbetrachtung, die im sprachlichen Ausdruck an eine Sonntagspredigt erinnert. Die Kraft zu diesem Widerstand scheint er aus seinem Blick „aus dem Fenster“ in die von der „Morgensonne“ beschienene Landschaft hinaus gewonnen zu haben. Der „am Fenster“ stehende Donati dagegen kann in seiner Verstörtheit die „Sonntagsstille der Felder“ nicht in sich aufnehmen, ihn „schauderte“ geradezu bei diesem Anblick. Dass Florio im Gespräch mit Fortunato dann „hastig“, ungeduldig reagiert und es später in der **Kirche** nicht aushält („er konnte nicht beten“), spricht wiederum für seine **innere Zerrissenheit** und sein Schwanken zwischen den beiden Welten, die in der Textstelle hart aufeinander stoßen.

Diese Konfrontation wird durch ein weiteres Merkmal der erzählerischen Gestaltung unterstrichen, nämlich die **Gegenüberstellung von Innen- und Außenraum**. Die literarische Topografie gewinnt hier – wie auch an anderen Stellen der

Novelle – als Darstellungsmittel eine besondere Bedeutung. Das *Marmorbild* spielt zum großen Teil in der freien Natur; wenn Innenräume den Schauplatz abgeben (Maskenfest, Venusschloss), so erweisen sie sich als besonders geeignet für Verwirrung und Verblendung. Weiher und Lustgarten wirken andererseits so kulissenhaft und künstlich wie vom Treiben der Außenwelt abgeschirmte Innenräume. Im vorliegenden Fall ist das zweimal erwähnte „Fenster“ eine Verbindung zwischen innen und außen. Es gibt den Blick frei auf eine für Eichendorffs Werke typische ‚freie Landschaft‘ mit den immer wiederkehrenden Bestandteilen: „Wälder und Felder“, das „Himmelblau“ und die „Sonntagsstille der Felder“ sind – neben den erwähnten religiösen Verweisen – zu nennen. Diese Naturerfahrung bietet Florio gegen Donati auf, der in seine düstere Innenwelt eingesperrt zu sein und Natur nur im Hinblick auf die „Jagd“ zu erfahren scheint, der ebenso überstürzt ins Nichts verschwindet wie er „unerwartet“ aufgetaucht war. Fortunato bringt als „Bote des Friedens“ dagegen die sonntägliche Naturstimmung sozusagen

Caspar David Friedrich, *Böhmische Landschaft*

mit in Florios Herbergszimmer, das er „bald“ wieder verlässt, um in Gottes freie Natur zurückzukehren. Mit seiner Einladung will er zudem eine Verbindung zwischen Florio und Bianka, dem „Engelsbild auf dem tiefblauen Grunde des Morgenhimmels“ (S. 48) stiften. Florio schließlich „schlenderte“ nach dem gescheiterten Kirchenbesuch „durch die Gassen“. Zwar nimmt er wahr, wie „rein“ und „festlich“, „schön“ und „fröhlich“ seine Umwelt sich darstellt, doch ist er ganz auf die Suche nach seiner „Schönste(n)“ konzentriert. So verschleiert sein Liebesschmerz („Aber ach!“) bereits die Wahrnehmung der Außenwelt und er steht in Gefahr, sich ihr – wie Donati – völlig zu entfremden.

Werk und Wirkung

Grundriss der Wirkungsgeschichte

Im gesamten **19. Jahrhundert** wird Eichendorffs Novelle weit **mehr Kritik als Anerkennung** zuteil. Dabei macht es keinen Unterschied, ob die Rezensenten ihre Maßstäbe aus der romantischen Literatur oder aus der nachfolgenden Epoche, dem Realismus, beziehen. Schon eine der ersten Besprechungen verweist auf das „bunte(n), wirre(n) Geflirre aus Zauberspuk und Feerei" und kommt zu dem Schluss, man fühle sich „zerstreut und betäubt" nach der Lektüre; von einem bloßen „Gespensterspuk, ohne viel anderes als äußerliche Bedeutung" ist an anderer Stelle die Rede, „langweilige Rührung" wird dem Verfasser vorgeworfen. Über die Anerkennung „einzelne(r) schöne(r) Züge dieser Erzählung" und das Zugeständnis, „ein wahrhaft poetisches Gemüth" sei hier – trotz allem – am Werke, gehen die Kritiker im Allgemeinen nicht hinaus[17]. Insgesamt steht das *Marmorbild* im Schatten der weit positiver aufgenommenen Novelle *Aus dem Leben eines Taugenichts.*

Die – recht oberflächlichen – Standardeinwände und beiläufige positive Floskeln („wirkliches Gemüth", „Wärme", „natürliche Stimmung seiner Seele") wiederholen sich – manchmal wortgetreu – nach Eichendorffs Tod, zur Zeit des literarischen Realismus. Die Wertungen haben zumeist ihre Grundlage in subjektiven Geschmacksurteilen, die nicht weiter hinterfragt werden. Doch kommt es auch zu einer Verschärfung des Tonfalls:

> *Diese verkleisterte Gemüthlichkeit, dieses gemachte Traumleben, dieses Spielen mit der getrübten Naivität, diese Selbst-*

sucht, welche aus der Liebe zu abgetretenen Schleppen gegen die ganze Welt blind ist.

Ein solcher Verriss erklärt sich – wenigstens zum Teil – aus der zentralen **Norm des Realismus**, die Literatur habe die vielfältige Wirklichkeit des modernen Lebens möglichst plastisch wiederzugeben und womöglich soziale sowie politische Ziele zu befördern. Derartige Forderungen sind freilich Eichendorffs Kunstauffassung völlig fremd.

Erst sehr spät, in der zweiten Hälfte des 20. Jahrhunderts, haben Schriftsteller und vor allem Germanisten das *Marmorbild* neu entdeckt und zunehmend in seiner Bedeutung als **Schlüsseltext der literarischen Romantik** erkannt. Drei Beispiele seien genannt: Lothar Pikulik arbeitet in einer sorgfältigen Interpretation der Novelle deren psychologische und geschichtsphilosophische Dimension heraus; Oskar Seidlin kommt zu dem Ergebnis, dass man die Geschichte des Helden Florio „von den Landschaften ablesen" kann, denen damit eine sinnbildhafte (hieroglyphische) Bedeutung zukommt; Gerhard Möbius entdeckt in der Novelle eine literaturkritische Qualität, da sich Eichendorffs Warnung vor dem unchristlichen Statuenzauber auch auf die „Dichtung Goethes und der deutschen Klassik" mit ihrer ‚Vergötterung' der Antike beziehen lasse.[18]

Diese und andere Möglichkeiten der Deutung wurden im Kapitel „Textanalyse und Interpretation" auf ihre Gültigkeit hin überprüft. *Das Marmorbild* konnte sich dabei als wahrhaft vielschichtiges Werk behaupten. Seine **Aufnahme in den Lektürekanon der gymnasialen Oberstufe**, die allgemein in den siebziger Jahren erfolgte, hat dazu geführt, dass nun auch Schüler diesen Schlüsseltext der Romantik entdecken können.

Literaturhinweise

Textausgabe und Kommentar

JOSEPH VON EICHENDORFF: *Das Marmorbild;* in: Ders., *Das Marmorbild. Das Schloß Dürande.* Stuttgart 1987 ff., Reclams Universal-Bibliothek Nr. 2365, S. 3–48.

HANNA M. MARKS: *Erläuterungen und Dokumente zu Joseph von Eichendorff, Das Marmorbild.* Stuttgart 1984; Reclams Universal-Bibliothek Nr. 8167.

Das Reclam-Heft aus der ‚grünen Reihe' ist eine ideale Ergänzung zur Lektüre der Novelle, ausgestattet mit detaillierten Wort- und Sacherklärungen, Ausführungen zur Entstehungs-, Motiv- sowie Wirkungsgeschichte des Textes und einer ausführlichen Bibliografie.

Weiterführende Literatur

VOLKER KLOTZ: Venus Maria. Auflebende Frauenstatuen in der Novellistik. Bielefeld (Aisthesis-Verlag) 2000.

Verwandlung von Frau zu Statue, von Statue zu Frau: Der Verfasser untersucht dieses Thema anhand bekannter und weniger bekannter Novellen aus verschiedenen Epochen (von der Antike bis zur Gegenwart) sowie Literaturen (lateinisch, deutschsprachig, spanisch, portugiesisch, mexikanisch) und stellt überzeugend dar, dass es sich um ein Motiv der Weltliteratur handelt. Ein Kapitel ist Eichendorffs *Marmorbild* gewidmet – die anschauliche und originelle Interpretation eröffnet im Zusammenhang mit den anderen Novellen neue Perspektiven und lässt die Eigenständigkeit des romantischen Textes plastisch hervortreten. Der essayistische Stil des Buches unterscheidet sich deutlich von sonstigen germanistischen Abhandlungen und sorgt für eine spannende Lektüre.

GÜNTER BUSSE: *Romantik – Personen, Motive, Werke.* Freiburg/Basel/Wien 1982.

Das Buch bietet eine kenntnisreiche, gut lesbare und übersichtlich gegliederte Gesamtdarstellung und eignet sich daher auch als informatives Nachschlagewerk für Leser, die sich ergänzend zur Lektüre einer Ganzschrift Kenntnisse über die Epoche aneignen wollen.

PAUL STÖCKLEIN: *Joseph von Eichendorff.* Hamburg 1983 ff.: Rowohlts Monografien Nr. 84

Diese Biografie ist älteren Datums (1963) und neigt an manchen Stellen zu einer gewissen Weitschweifigkeit. Sie ist aber wegen ihrer großen Genauigkeit und Anschaulichkeit zu empfehlen. Das Werk Eichendorffs wird im Zusammenhang mit der Lebensgeschichte sowie im Rahmen der historischen und literarischen Epoche behandelt. Zahlreiche Abbildungen ergänzen den Text.

JOSEPH VON EICHENDORFF: *Aus dem Leben eines Taugenichts.* Hg. von Joseph Kiermeier-Debre, München 1997: Deutscher Taschenbuch Verlag (Bibliothek deutscher Erstausgaben).

Wer nach der Lektüre des *Marmorbildes* Geschmack an Eichendorff gefunden hat, dem sei diese besonders schöne Ausgabe seines bekanntesten Werks empfohlen. Eine vergleichende Auseinandersetzung mit beiden Novellen bietet sich – im und außerhalb des Unterrichts – in vielerlei Hinsicht an.

FRIEDHELM KLÖHR: *Joseph von Eichendorff. Aus dem Leben eines Taugenichts.* Freising 1999: STARK-Interpretationshilfe Deutsch, Titel Nr. 2400071.

Diese Interpretationshilfe und die vorliegende zum *Marmorbild* sind in derselben Reihe erschienen und daher in Aufbau und Anspruch aufeinander abgestimmt.

HEINRICH HEINE: *Die romantische Schule.* Hg. von H. Weidmann, Stuttgart 1994 ff.: Reclams Universal-Bibliothek Nr. 9381.

Ein Text für fortgeschrittene Leser. Wer sich mit der Epoche ‚Romantik' beschäftigt hat, findet hier eine kritische Darstellung in essayistischer Form, die wegen ihrer ironischen Scharfzüngigkeit ein großes Lesevergnügen bereitet. Die pointierte Auseinandersetzung Heines mit Autoren und Werken der Romantik lässt diese in einem neuen Licht erscheinen und provoziert den Leser zu eigener Lektüre und Stellungnahme.

RAFFAELA RUSSO: *Caspar David Friedrich.* Köln 1999: DuMont-Reihe ‚Berühmte Maler auf einen Blick'.

Es handelt sich um einen vorzüglich ausgestatteten und kommentierten Bildband in kompaktem Format, der den Vergleich mit teuren Katalogen nicht scheuen muss. Im Hinblick auf die Bedeutung romantischer Landschaften in Eichendorffs Werk erscheint eine Begegnung mit dem bedeutendsten Landschaftsmaler der Epoche unumgänglich.

Anmerkungen

1 Vgl. dazu STARK-Interpretationshilfe zu *Aus dem Leben eines Taugenichts* von Friedhelm Klöhr

2 Zur Entstehungsgeschichte und zu den Vorarbeiten: *Erläuterungen und Dokumente zu J. v. E., Das Marmorbild.* Hg. von Hanna M. Marks, Stuttgart 1984 ff. (Reclams UB Nr. 8167), S. 23–28; Zitate: S. 23 f.

3 Zum Handlungsgerüst dieser Geschichte: Marks, S. 50–52

4 Ritter, Joachim: *Landschaft*, in: Ders., *Subjektivität. Sechs Aufsätze*, Frankfurt/Main 1974 (Bibliothek Suhrkamp 379), S. 141–163; Zitat: S. 150 f.

[5] Goethe, Johann Wolfgang: *Die Leiden des jungen Werthers*, Stuttgart 1982 ff. (Reclams UB Nr. 67).

[6] Herausragende Beispiele sind u. a.: Theodor Fontane, *Effi Briest*; Leo N. Tolstoi, *Anna Karenina*; Gustave Flaubert, *Madame Bovary.*

[7] Hoffmann, E. T. A.: *Der Sandmann*; in: Werke, hg. von H. Kraft und M. Wacker, Frankfurt/Main 1967 (Insel), Band 2, S. 1–23.

[8] Freud, Sigmund: *Abriss der Psychoanalyse*, Frankfurt/Main 1972 (Fischer-Taschenbuch Nr. 6043).

[9] Freud, Sigmund: *Über Träume und Traumdeutungen*, Frankfurt/Main 1974 (Fischer Taschenbuch Nr. 6073).

[10] Kierkegaard, Sören: *Das Gleichgewicht zwischen dem Ästhetischen und dem Ethischen in der Herausarbeitung der Persönlichkeit;* in: *Entweder – Oder.* Hg. von H. Diem und W. Rest, München 2. Aufl. 1978 (dtv-bibliothek), S. 704–914; Zitate: S. 706 f.

[11] Schiller, Friedrich, *Die Götter Griechenlands*; in: Werke in drei Bänden, hg. von G. Fricke und H. G. Göpfert, München 2. Aufl., 1976, S. 673–676.

[12] Heine, Heinrich, *Die Götter im Exil*; in: Sämtliche Schriften in zwölf Bänden, hg. von K. Briegleb, München 1976, Band 11, S. 397–423; Zitate: S. 400 f.

[13] Wilpert, Gero von: *Sachwörterbuch der Literatur*, Stuttgart 5. Aufl. 1969, S. 183 ff., S. 797 ff.

[14] Marks, S. 24 f.

[15] Wilpert, a. a. O., S. 526 f.

[16] Stanzel, Friedrich K., *Theorie des Erzählens*, Göttingen 1991.

[17] Zur Wirkungsgeschichte im 19. Jh.: Marks, S. 59–68; Zitate: S. 59 ff.

[18] Zur Wirkungsgeschichte im 20. Jh.: Marks, S. 68–76; zu den genannten Autoren: S. 71–74.

STARK Interpretationshilfen und Trainingsbände für die Oberstufe

Deutsche Interpretationen

Brecht: *Der aufhaltsame Aufstieg des Arturo Ui* .... Best.-Nr. 2400281
Brecht: *Der kaukasische Kreidekreis* .. Best.-Nr. 2400171
Brecht: *Leben des Galilei* .... Best.-Nr. 2400011
Brecht: *Mutter Courage und ihre Kinder* .... Best.-Nr. 2400521
Brussig: *Am kürzeren Ende der Sonnenallee* .. Best.-Nr. 2400201
Büchner: *Dantons Tod* .... Best.-Nr. 2400121
Büchner: *Der Hessische Landbote* .... Best.-Nr. 2400461
Büchner: *Lenz* .... Best.-Nr. 2400431
Büchner: *Leonce und Lena* .... Best.-Nr. 2400261
Büchner: *Woyzeck* .... Best.-Nr. 2400041
Dürrenmatt: *Der Besuch der alten Dame* .... Best.-Nr. 2400341
Dürrenmatt: *Der Verdacht* .... Best.-Nr. 2400571
Eichendorff: *Aus dem Leben eines Taugenichts* .... Best.-Nr. 2400071
Eichendorff: *Das Marmorbild* .... Best.-Nr. 2400081
Fontane: *Effi Briest* .... Best.-Nr. 2400371
Fontane: *Irrungen, Wirrungen* .... Best.-Nr. 2400401
Frisch: *Biedermann und die Brandstifter* .... Best.-Nr. 2400531
Frisch: *Homo faber* .... Best.-Nr. 2400031
Goethe: *Faust I* .... Best.-Nr. 2400511
Goethe: *Gedichte (1771–1783)* .... Best.-Nr. 2400181
Goethe: *Die Leiden des jungen Werther* .... Best.-Nr. 2400051
Hauptmann: *Die Ratten* .... Best.-Nr. 2400411
Hein: *Der fremde Freund/Drachenblut* .... Best.-Nr. 2400061
E.T.A. Hoffmann: *Der Sandmann* .... Best.-Nr. 2400351
Kafka: *Der Proceß* .... Best.-Nr. 2400481
Kafka: *Die Verwandlung/Das Urteil* .. Best.-Nr. 2400141
Keller: *Romeo und Julia auf dem Dorfe* .... Best.-Nr. 2400321
Kerner: *Blueprint. Blaupause* .... Best.-Nr. 2400391
Kleist: *Der zerbrochne Krug* .... Best.-Nr. 2400541
Kleist: *Michael Kohlhaas* .... Best.-Nr. 2400111
Lessing: *Emilia Galotti* .... Best.-Nr. 2400191
Lessing: *Nathan der Weise* .... Best.-Nr. 2400501
Th. Mann: *Der Tod in Venedig* .... Best.-Nr. 2400291
Th. Mann: *Tonio Kröger/Mario und der Zauberer* .... Best.-Nr. 2400151
Musil: *Die Verwirrungen der Zöglings Törleß* .... Best.-Nr. 2400561
Nooteboom: *Die folgende Geschichte* Best.-Nr. 2400251
Schiller: *Don Carlos* .... Best.-Nr. 2400161
Schiller: *Kabale und Liebe* .... Best.-Nr. 2400231
Schiller: *Die Räuber* .... Best.-Nr. 2400421
Schiller: *Maria Stuart* .... Best.-Nr. 2400271
Schlink: *Der Vorleser* .... Best.-Nr. 2400101

Schneider: *Schlafes Bruder* .... Best.-Nr. 2400021
Schnitzler: *Traumnovelle* .... Best.-Nr. 2400311
Sophokles: *Antigone* .... Best.-Nr. 2400221
Storm: *Der Schimmelreiter* .... Best.-Nr. 2400381
Süskind: *Das Parfum* .... Best.-Nr. 2400091
Timm: *Die Entdeckung der Currywurst* .... Best.-Nr. 2400301
Vanderbeke: *Das Muschelessen* .... Best.-Nr. 2400331
Wedekind: *Frühlings Erwachen* .... Best.-Nr. 2400491
Zweig: *Schachnovelle* .... Best.-Nr. 2400441

Deutsch Interpretationshilfen 1
Von der Klassik bis zum Naturalismus.
■ .... Best.-Nr. 94407

Deutsch Interpretationshilfen 2
Vom Expressionismus bis zur Literatur der DDR.
■ .... Best.-Nr. 94408

Deutsch Training

Training Methoden Deutsch .... Best.-Nr. 944062
Dramen analysieren u. interpretieren Best.-Nr. 944092
Erörtern und Sachtexte analysieren .. Best.-Nr. 944094
Gedichte analysieren und interpretieren .... Best.-Nr. 944091
Epische Texte analysieren und interpretieren .... Best.-Nr. 944093
Übertritt in die Oberstufe .... Best.-Nr. 90409
Abitur-Wissen Erörtern und Sachtexte analysieren .. Best.-Nr. 944064
Abitur-Wissen Textinterpretation .... Best.-Nr. 944061
Abitur-Wissen Deutsche Literaturgeschichte .... Best.-Nr. 94405
Abitur-Wissen Prüfungswissen Oberstufe .... Best.-Nr. 94400
Kompakt-Wissen Rechtschreibung .... Best.-Nr. 944065
Lexikon Autoren und Werke .... Best.-Nr. 944081

(Bitte blättern Sie um)

Englisch Interpretationen

Interpretationshilfen zu Einzellektüren:

Albee:
Who's afraid of Virginia Woolf? .... Best.-Nr. 2500101
Atwood: *The Handmaid's Tale* .... Best.-Nr. 2500181
Auster: *Moon Palace* .... Best.-Nr. 2500031
Boyle: *The Tortilla Curtain* .... Best.-Nr. 2500131
Bradbury: *Fahrenheit 451* .... Best.-Nr. 2500141
20th Century English Short Stories .... Best.-Nr. 2500151
Golding: *Lord of the Flies* .... Best.-Nr. 2500051
Ishiguro: *The Remains of the Day* ...... Best.-Nr. 2500171
Lessing: *The Fifth Child* .... Best.-Nr. 2500071
Lodge: *Changing Places* .... Best.-Nr. 2500091
MacLaverty: *Cal* .... Best.-Nr. 2500161
Priestley: *An Inspector Calls* .... Best.-Nr. 2500081
Russell: *Educating Rita* .... Best.-Nr. 2500061
Salinger: *Catcher in the Rye* .... Best.-Nr. 2500111
Shakespeare: *Macbeth* .... Best.-Nr. 2500011
Shakespeare: *Romeo and Juliet* .... Best.-Nr. 2500041
Shaw: *Pygmalion* .... Best.-Nr. 2500121
Twain: *Huckleberry Finn* .... Best.-Nr. 2500021

Englisch Training

Übersetzungsübung .... Best.-Nr. 82454
Grammatikübung .... Best.-Nr. 82452
Themenwortschatz .... Best.-Nr. 82451
Grundlagen der Textarbeit .... Best.-Nr. 94464
Sprachmittlung .... Best.-Nr. 94469
Textaufgaben Literarische Texte
und Sachtexte – Baden-Württemberg Best.-Nr. 84468
Textaufgaben Literarische Texte
und Sachtexte .... Best.-Nr. 94468
Grundfertigkeiten des Schreibens ...... Best.-Nr. 94466
Sprechfertigkeit mit CD .... Best.-Nr. 94467
Englisch – Übertritt in die Oberstufe .. Best.-Nr. 82453
Abitur-Wissen
Landeskunde Großbritannien .... Best.-Nr. 94461
Abitur-Wissen Landeskunde USA .... Best.-Nr. 94463
Abitur-Wissen Literaturgeschichte ...... Best.-Nr. 94465
Kompakt-Wissen Abitur
Themenwortschatz .... Best.-Nr. 90462
Kompakt-Wissen Kurzgrammatik ...... Best.-Nr. 90461
Kompakt-Wissen Abitur
Landeskunde/Literatur .... Best.-Nr. 90463
Kompakt-Wissen Abitur – NRW
Landeskunde/Literatur .... Best.-Nr. 50463

Latein Training

Abitur-Wissen
Lateinische Literaturgeschichte .... Best.-Nr. 94602
Wiederholung Grammatik .... Best.-Nr. 94601
Wortkunde .... Best.-Nr. 94603
Kompakt-Wissen Kurzgrammatik ...... Best.-Nr. 906011

Französisch Interpretationen

Camus: *L'Etranger/Der Fremde* .... Best.-Nr. 2550041
Sartre: *Huis clos/*
Geschlossene Gesellschaft .... Best.-Nr. 2550051

Interpretationshilfen 1 Lyrik

22 Musterinterpretationen weltberühmter Gedichte aus unterschiedlichen Epochen.

■ .... Best.-Nr. 94507

Interpretationshilfen 2 Prosa

Musterinterpretationen zu ausgewählten Werken namhafter Autoren aus unterschiedlichen Epochen.

■ .... Best.-Nr. 94508

Interpretationshilfen 3 Drama

Musterinterpretationen zu ausgewählten Werken namhafter Autoren aus unterschiedlichen Epochen (17. bis 20. Jh.).

■ .... Best.-Nr. 94509

Französisch Training

Landeskunde Frankreich .... Best.-Nr. 94501
Themenwortschatz .... Best.-Nr. 94503
Literatur .... Best.-Nr. 94502
Textarbeit Oberstufe .... Best.-Nr. 94504
Abitur-Wissen Literaturgeschichte ...... Best.-Nr. 94506
Kompakt-Wissen Abitur
Themenwortschatz .... Best.-Nr. 945010
Kompakt-Wissen Kurzgrammatik ...... Best.-Nr. 945011

Fachübergreifend

Richtig Lernen – Tipps und
Lernstrategien für die Oberstufe .... Best.-Nr. 10483
Referate und Facharbeiten
für die Oberstufe .... Best.-Nr. 10484
Training Methoden – Meinungen äußern,
Ergebnisse präsentieren .... Best.-Nr. 10486

Natürlich führen wir noch mehr Titel für alle Schularten. Wir informieren Sie gerne!

Telefon: 08161/179-0 **Internet: www.stark-verlag.de**
Telefax: 08161/179-51 **E-Mail: info@stark-verlag.de**

Bestellungen bitte direkt an: STARK Verlagsgesellschaft mbH & Co. KG
Postfach 1852 · 85318 Freising · Tel: 08161 / 179-0 · FAX: 08161 / 179-51
Internet: www.stark-verlag.de · E-Mail: info@stark-verlag.de

17-V1P